CELEBRAMOS/ WE CELEBRATE

Seis Tradiciones de México/ Six Traditions from Mexico

Nicole Sault & Helen Drachkovitch

Ilustraciones / Illustrations Nicole Sault

Bellaflor Books
Santa Barbara, California

Copyright © 2017 Nicole Sault and Helen Drachkovitch. All rights reserved.

Illustrations Copyright © 2017 by Nicole Sault. All rights reserved.

Used with Permission

This work may not be reprinted, photocopied, scanned, stored in a retrieval system, posted on the Internet, or duplicated in any form without the written permission of the copyright holder.

aceso en linea de los cuentos leídos en voz alta

audio streaming of the stories by native speakers

htpps:/www.borderlandnorth.com/bellaflor/audio/

A Bellaflor Book

Bellaflor is an imprint of Borderland North Publishing

https://borderlandnorth.com

ISBN 978-0-9629261-5-0
First published 2017 POD v.2.0.

Book design by Cheryl Takahashi

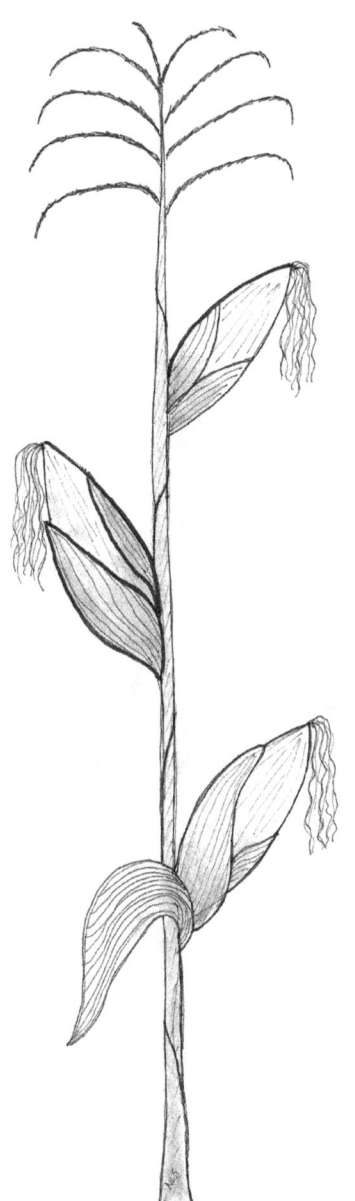

Dedicación / Dedication

Queremos dedicar este libro a los mayores quienes han mantenido las tradiciones de sus ancestros y a todas las niñas y los niños que sostienen vivas estas tradiciones en cada generación. Que su curiosidad y sus conocimientos iluminen el mundo alrededor, cruzando fronteras y alcanzando tierras lejanas.

* * *

We want to dedicate this book to the elders who have maintained the traditions of their ancestors and to all the girls and the boys who keep alive these traditions in each generation. May their curiosity and knowledge illuminate the world around them, crossing borders and reaching distant lands.

Contenido / Contents

Reconocimientos / Acknowledgments	vii
Ilustraciones / Illustrations	ix
Introducción / Introduction	xi
Escuchando los cuentos / Listening to the stories	xvii
1. La Piñata es para un Cumpleaños / The Piñata Is for a Birthday	1
2. Maravilloso Mariachi ¿Cómo Empezó? / Marvelous Mariachi, How Did It Begin?	15
3. Gigantes Bailando / Giants Dancing	33
4. Posadas para la Navidad / Posadas for Christmas	51
5. Día de los Muertos: Cuando los Antepasados Visitan / Day of the Dead: When the Ancestors Visit	67
6. Los Padrinos Nos Protegen / The Godparents Protect Us	95
Glosario / Glossary	115
Bibliografía / Bibliography	125

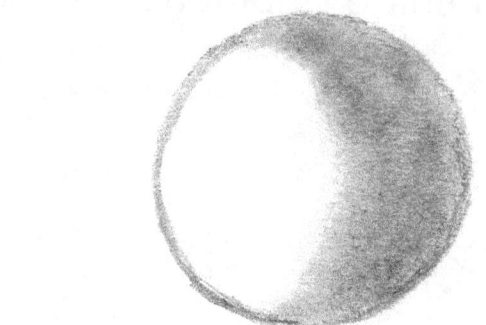

Reconocimientos / Acknowledgments

Muchas personas en Oaxaca y en California han contribuido a este libro y queremos agradecer a todos por haber compartido tan generosamente sus conocimientos y sus habilidades con mucha paciencia y amor.

En particular queremos agradecer a los que leyeron los cuentos para las grabaciones en español y en inglés, los que revisaron y editaron el texto, además de los expertos en varios ramos quienes ofrecieron apoyo técnico: Lourdes del Ángel, Andrea Villagrán, Anthony Prieto, Carlos Guillén, Sara Brito, Adrián Sánchez, Belén Ascensión, Ismael Pérez, Asunción Cruz, Nancy Cutler, Helene Lafrance, Mitch Allen, y Peter Reynolds. Gracias especialmente a Cheryl Takahashi de Takahashi Design por el formato y diseño de la portada.

* * *

Many people in Oaxaca and in California have contributed to this book and we would like to thank all of them for having shared so generously their knowledge and their abilities with great patience and love.

In particular we want to thank those who read the stories for the recordings in Spanish and in English, those who reviewed and edited the text, in addition to the experts in various fields who offered technical support: Lourdes del Ángel, Andrea Villagrán, Anthony Prieto, Carlos Guillén, Sara Brito, Adrián Sánchez, Belén Ascensión, Ismael Pérez, Asunción Cruz, Nancy Cutler, Helene Lafrance, Mitch Allen, and Peter Reynolds. Special thanks to Cheryl Takahashi of Takahashi Design for the layout and cover design.

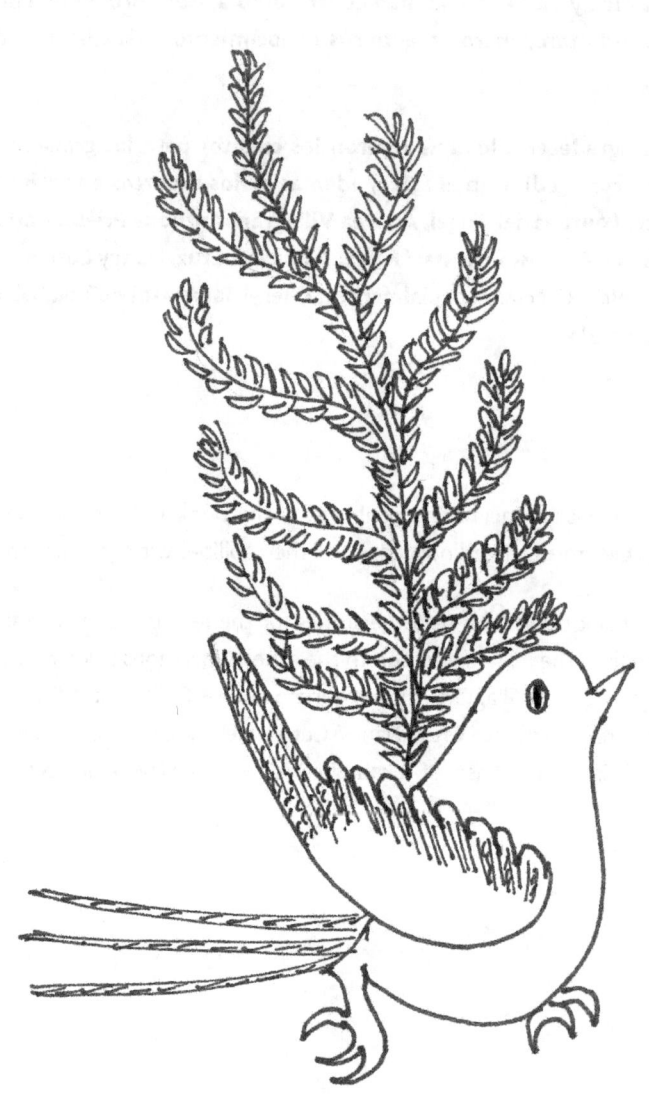

Ilustraciones / Illustrations

Portada / Cover: piñata

Primera Página / First Page
    lagarto / lizard i

Dedicación / Dedication
    mazorca / cornstalk iii

Contenido / Contents
    guirnalda de flores / garland of flowers v

Reconocimientos / Acknowledgments
    conejo con la luna / rabbit with the moon... vi

Ilustraciones / Illustrations
    ave con larga cola emplumada / bird with long feathery tail viii

Introducción / Introduction
    concha del mar / seashell.. xi

Escuchando los Cuentos / Listening to the Stories:
    mariachi con sombrero y guitarra / mariachi with hat and guitar xvi

1. La Piñata es para un Cumpleaños / The Piñata Is for a Birthday
    piñata adorno / piñata ornament 1
    piñata fiesta / piñata party 4

2. Maravilloso Mariachi ¿Cómo Empezó? / Marvelous Mariachi, How Did It Begin?
    mariachi trompetista / mariachi trumpeter..14
    mariachi grupo de cinco / mariachi group of five 20
    trompeta / trumpet..26

3. Gigantes Bailando / Giants Dancing
    gigante bruja / giant witch 36
    gigante niño payaso / giant boy clown..40

4. Posadas para la Navidad / Posadas for Christmas
    posada procesión de noche / posada procession at night 54
    familia sagrada con un burro / holy family with a burro 58

5. Día de los Muertos: Cuando los Antepasados Visitan / Day of the Dead: When the Ancestors Visit
    día de los muertos altar / day of the dead altar 70
    panteón sepulturas / cemetery graves 76
    mujer en el panteón / woman at the cemetery....................................80

6. Los Padrinos Nos Protegen / The Godparents Protect Us
    bolsa de copal / bag of copal 95
    primera comunión familia / first communion family 102
    (inspirado por el Códice Mendoza / inspired by the Codex Mendoza)

Glosario / Glossary
    flor de muerto / flower of the dead (*cempoxochitl*)...........................118
    hombre calaca / man skeleton..122
    mujer calaca / woman skeleton...122

Bibliografía / Bibliography
    piñata adorno / piñata ornament 125
    agave cactus 127
    loro / parrot 128
    concha del mar / seashell..129
    calavera con flores / skull with flowers.......................................130
    ave con alas extendidas / bird with spread wings...............................132

Contraportada / Back cover:
    lagarto / lizard
    ave con alas extendidas / bird with spread wings

Introducción / Introduction

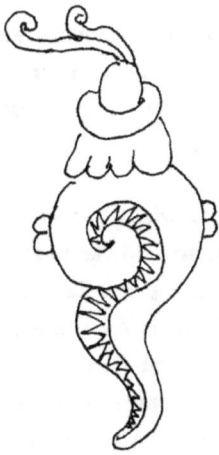

A todos nos gustan las piñatas ¿pero de dónde vienen? ¿Y qué de los Mariachis, el Día de los Muertos y las Posadas? En este libro se puede explorar seis tradiciones mexicanas y descubrir sus orígenes. Se puede aprender cómo estas costumbres se adaptaron a una mezcla de culturas durante los siglos y cómo sobrevivieron hasta el presente. Contamos los cuentos en español y en inglés, incluyendo algunas palabras de los aztecas y los mayas. Al aprender esta historia podemos apreciar mejor las tradiciones que los mayores han mantenido, aun cuando sus descendientes han migrado lejos de México para vivir y trabajar en otros países.

* * *

Everyone loves piñatas, but where did they come from? And what about Mariachis, Day of the Dead, and Posadas? In this book you can explore six Mexican traditions and discover how they came about. You will learn how these customs adapted to a mix of cultures over centuries, and how they survived to the present day. We tell the stories in both English and Spanish, including some Aztec and Maya words. By learning this history we can better appreciate how the traditions of the elders have been kept alive, even when their descendants have moved far from Mexico to live and work in other countries.

Los autores / The authors

Helen Drachkovitch:

Este libro fue inspirado por la piñata. Hace muchos años, cuando Helen Drachkovitch vio las piñatas en México por primera vez, se le despertó la curiosidad por saber los orígenes y ella empezó a investigar. Quedó fascinada con lo que aprendió, y esto la llevó a explorar los orígenes de los Mariachis y otras costumbres mexicanas.

Mientras Helen aprendía sobre la historia y las culturas de México, pudo incorporar estos conocimientos en su trabajo como maestra en varias escuelas de California, incluyendo la escuela primaria Ohlone en Palo Alto y la escuela primaria Slater en Mountain View. Por décadas ella ha enseñado clases en comunidades en donde muchos mexicanos viven y trabajan. También ha vivido en México y en Costa Rica. En Palo Alto trabajó con Betty Rogaway para desarrollar el Programa "Tempranillos de Cinco (Años)" y en Mountain View enseñó en el Programa de Migrantes para las familias de los trabajadores en el campo y los trabajadores temporales. Los estudiantes venían de muchos países, incluyendo México, Japón, Vietnam y Polonia. Helen invitaba a los padres de familia a visitar el aula para hablar sobre sus países de origen y para compartir las comidas especiales con los alumnos. Le encanta trabajar con niños y con su compañero, El Piano Mágico, quien enseña con sonido y ritmo.

Mientras daba clases en California y vivía en Latinoamérica, Helen conoció mucha gente que quería aprender el inglés o el español. Después de juntar tanta información sobre varias costumbres mexicanas, decidió escribir un libro bilingüe para ayudar a sus amigos. Ella quiso hacer un libro divertido para leer—enseñando lenguajes por medio de la historia y la cultura. Había visto que a veces es más fácil aprender las frases cuando vienen juntas o entrelíneas. Así fue que creó un libro bilingüe de una forma diferente—palabra por palabra. Sus amigas y amigos de México y de Costa Rica reaccionaron con mucho entusiasmo y le pidieron grabaciones de los cuentos, para poder escuchar la pronunciación correcta. Ella sigue escribiendo y tiene otros libros de cuentos y poesía que está terminando.

* * *

This book was inspired by the piñata. When Helen Drachkovitch first saw piñatas in Mexico many years ago, she became curious about their origins and began to investigate. Fascinated by what she learned, this led her to explore Mariachis and other Mexican customs.

As Helen learned more about the history and the cultures of Mexico, she was able to incorporate this knowledge into her work as a kindergarten teacher in California schools, including Ohlone Elementary in Palo Alto and Slater Elementary in Mountain View. For decades she has taught in communities where many Mexicans live and work. She has also lived in both Mexico and Costa Rica. In Palo Alto, she worked with Betty Rogaway to develop the Early Fives Program and in Mountain View she taught the Migrant Program for the families of farmworkers and temporary workers.

The students came from many countries, including Mexico, Japan, Vietnam and Poland. Helen invited the parents to visit the classroom to talk about the countries they came from and share their special foods with the students. She loves working with children and her sidekick, the Magic Piano, who teaches through sound and rhythm.

While teaching in California and living in Latin America, Helen met many people who wanted to learn English or Spanish. After gathering all this information on Mexican customs, she decided to write a bilingual book to help these friends. She wanted to create a book that was fun to read— teaching languages through history and culture. She had seen that sometimes it is easier when phrases are alongside each other or interlinear. So she created a bilingual book in a different format—word for word. Her friends in Mexico and Costa Rica reacted with great enthusiasm and asked her to include recordings of the stories as well, so they could hear the correct pronunciation of the words. She continues writing and has other books of stories and poetry that she is finishing.

Nicole Sault:

En este proyecto del libro bilingüe, Helen trabajó con su hija, Nicole Sault, para la investigación y el desarrollo de cada cuento. Cuando Nicole era niña, Helen la llevó a México para aprender el español. Allí fue donde vio las piñatas por primera vez, y encontró otras costumbres maravillosas. Nicole comparte con su madre el amor por la cultura mexicana y continua regresando a México y aprendiendo sobre varias culturas indígenas. No fue ninguna sorpresa cuando ella decidió estudiar antropología con un enfoque en Latinoamérica. En la Universidad de California en Los Ángeles obtuvo el doctorado, haciendo la tesis sobre el rol de las mujeres como madrinas entre los zapotecas de Oaxaca, en el sureste de México. También estudió el uso de incienso, el temezcal y los chiles. Ella sigue explorando el significado simbólico de las aves en Latinoamérica, como el colibrí y el zopilote.

Nicole ha enseñado antropología en la Universidad de Santa Clara en California y en otras universidades, y sigue haciendo investigaciones en Latinoamérica, escribiendo y publicando en inglés y en español. Recientemente ha estado analizando el significado de las aves y como la gente interactúa con las aves, un campo que se llama etno-ornitología. Este estudio en México, Costa Rica y Perú consiste en hablar con la gente sobre las aves importantes en sus comunidades, como el cernícalo y el cóndor. Entender su significado simbólico nos ayuda para apreciar lo que las aves nos pueden enseñar.

En Oaxaca Nicole participa en las ceremonias como el Día de los Muertos y las Posadas. Le encanta ver las procesiones de la Calenda con los enormes monos bailando con la música de la banda del pueblo. Las fotos que ella ha tomado durante los años han servido como modelos para incorporar en los dibujos que adornan este libro.

* * *

In this bilingual book project, Helen worked with her daughter, Nicole Sault, on researching and developing each story. When Nicole was a girl, Helen took her to Mexico to learn Spanish. This is where she saw piñatas for the first time and encountered other wonderful customs. Nicole shares her mother's love of Mexican culture, and continues returning to Mexico and learning about various indigenous cultures. It was no surprise when she decided to study anthropology with a focus on Latin America. At the University of California in Los Angeles she earned a doctorate, writing her thesis on the role of women as godmothers among the Zapotec of Oaxaca, in southeastern Mexico. She has also studied how people use incense, the sweathouse, and chiles. She continues exploring the symbolic meaning of birds in Latin America, like the hummingbird and the vulture.

Nicole has taught anthropology at the University of Santa Clara in California, as well as at other universities, and continues doing research in Latin America, writing and publishing in English and Spanish. Recently she has been studying the meaning of birds and how people interact with them, which is a field called ethno-ornithology. This research in Mexico, Costa Rica, and Peru involves talking with people about the birds that are important for their communities, such as kestrels and condors. Understanding their symbolic meaning helps us to appreciate what the birds can teach us.

In Oaxaca Nicole participates in ceremonies such as Day of the Dead and the Posadas. She loves to watch the processions of the Calenda with enormous puppets dancing to the music of a village band. The photos she has taken over the years have served as models for the drawings that illustrate this book.

Escuchando los cuentos / Listening to the stories

Versiones orales para escuchar

Este libro incluye versiones orales de los cuentos en español y en inglés que se pueden acceder por medio de internet. Estos cuentos son leídos por personas cuyo idioma nativo es español o inglés, y les dan a los oyentes la oportunidad de escuchar como se pronuncian las palabras en cada idioma.

Los lectores son: Anthony Prieto, Carlos Guillén, Sara Brito, Adrian Sánchez, Belén Ascención, Nicole Sault, Ismael Pérez y Asunción Cruz. Sin su generosa ayuda esta versión oral no hubiera sido posible.

Queremos dar nuestro especial agradecimiento a Carlos Guillén de La Cima Music en Goleta, California, por toda su ayuda grabando y editando las versiones orales de muchos de los cuentos con gran paciencia y entusiasmo.

Vaya a nuestro sitio de internet para acceder a la versión oral: http://www.borderlandnorth.com/bellaflor/audio/

* * *

Oral Versions to listen to

This book includes oral versions of the stories in Spanish and English that can be accessed by means of the internet. These stories are read by persons whose native languages are Spanish and English, and they give the listeners the opportunity to hear how you pronounce the words in each language.

The readers are Anthony Prieto, Carlos Guillén, Sara Brito, Adrian Sánchez, Belén Ascención, Nicole Sault, Ismael Pérez, y Asunción Cruz. Without their generous help this audio version would not have been possible.

We would like to give our special thanks to Carlos Guillén of La Cima Music in Goleta, California, for all his help recording and editing the oral versions of many of the stories, and provided much of the editing with great patience and enthusiasm.

Go to our web site to access the audio version: http://www.borderlandnorth.com/bellaflor/audio/

Capítulo 1 / Chapter 1

La Piñata es para un Cumpleaños / The Piñata is for a Birthday

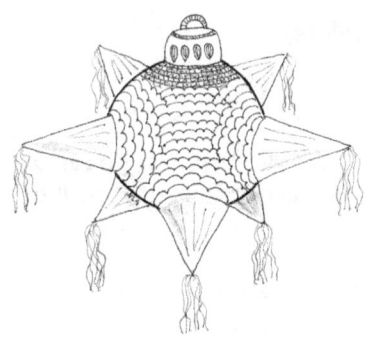

Todos quieren tener una piñata para su cumpleaños. Bueno, casi todos.
Everyone wants to have a piñata for their birthday. Well, almost everyone.

Para una fiesta en México, especialmente para el cumpleaños de un niño
For a party in Mexico, especially for the birthday of a child

es importante tener una piñata para celebrar este día que es tan especial.
it is important to have a piñata to celebrate this day that is so special.

Se puede hacer la piñata en casa o comprarla en una tienda.
You can make the piñata at home or buy it in a store.

La forma de la piñata varía según la costumbre de cada país
The shape of the piñata varies according to the custom of each country

y aun en diferentes regiones del mismo país.
and even in different regions of the same country.

En México la costumbre era hacer las piñatas de viejas ollas de barro.
In Mexico the custom was to make the piñatas from old pots of clay.

La gente cubría la olla con periódicos y luego adornaban la olla
The people covered the pot with newspapers and then decorated the pot

con más papel de diferentes colores.
with more paper of different colors.

Pero ahora en muchos lugares hacen la piñata de cartón
But now in many places they make the piñata of cardboard

y de esta manera no pesa tanto.
and in this way it does not weigh so much.

Antes, la forma de una piñata era una estrella con siete puntas.
Before, the shape of a piñata was a star with seven points.

Dicen que estas siete puntas representaban los pecados que son mortales
They say that these seven points represented the sins that are deadly

mientras el palo era la gracia.
while the stick was grace.

Ahora una piñata puede tomar la forma de un animal o de una persona,
Now a piñata can take the shape of an animal or of a person,

incluyendo personajes de televisión como el amarillo
including characters from television like the yellow

Gran Pájaro de "Plaza Sésamo."
Big Bird from "Sesame Street".

En cada país se llena la piñata con lo que los niños quieren —
In each country they fill the piñata with whatever the children want—

pueden ser dulces, frutas, cacahuates o juguetes como silbatos y globos.
it can be candy, fruit, peanuts or toys like whistles and balloons.

Si la fiesta es para un cumpleaños, después de que todos terminan de comer,
If the party is for a birthday, after everyone finishes eating,

un hombre cuelga la piñata de un mecate, y los niños intentan
a man hangs the piñata from a rope, and the children try to

romperla con un palo, mientras el hombre sube y
break it with a stick, while the man raises and

baja la piñata.
lowers the piñata.

A todos los niños les toca su turno con el palo.
All the children have their turn with the stick.

El niño o la niña con el palo tiene sus ojos vendados con un trapo
The boy or girl with the stick has their eyes covered with a cloth

para que no pueda ver. Así es más difícil y más divertido.
so that they cannot see. This way it is more difficult and more fun.

Es muy animado, con todos gritando instrucciones a la persona con el
It is very lively, with everyone yelling instructions to the person with the

palo, intendando quebrar la piñata.
stick, trying to break the piñata.

Gritan instrucciones como: "a la derecha" o "a la izquierda,"
They shout instructions like: "to the right" or "to the left,"

"arriba" o "abajo," y "más fuerte" o "atrás." A veces cantan.
"up" or "down," and "harder" or "behind." Sometimes they sing.

Uno nunca sabe quién tendrá la buena suerte de lograr quebrar la piñata.
You never know who will have the good luck to succeed at breaking the piñata.

Por fin cuando quiebran la piñata los dulces caen al suelo
Finally when they break the piñata the candies fall to the ground

y todos los niños intentan agarrar lo que pueden.
and all the children try to grab what they can.

Cuando los dulces caen lejos hasta los adultos logran agarrarlos.
When the candies fall farther even the adults are able to grab them.

La piñata nos enseña que no importa quien logra quebrarla,
The piñata teaches us that it doesn't matter who is able to break it,

porque todos pueden compartir los dulces que caen.
because everyone can share the candies that fall.

Poca gente sabe el origen de la piñata.
Few people know the origin of the piñata.

Hay varias explicaciones. ¿Puede adivinar de dónde viene?
There are various explanations. Can you guess from where it came?

¿Adivinó?   No, no es   de España.
Did you guess? No, it is not from Spain.

El nombre viene de   Italia, a donde celebran   con piñatas
The name comes from Italy, where   they celebrate with piñatas

para fiestas como cumpleaños.
for   parties like   birthdays.

La costumbre de quebrar algo   como una piñata empezó
The custom   of breaking something like   a piñata   began

en varios lugares   alrededor del mundo.
in several   places around   the world.

Algunos dicen que un explorador de Italia, Marco Polo,
Some   say   that an explorer   from Italy, Marco Polo,

en un viaje a la China
on a trip to China

vio a los agricultores celebrando el comienzo de la primavera, llenando
saw the farmers   celebrating the beginning of   spring,   filling

una jícara con semillas   y tomando turnos   para romperla.
a   gourd with seeds   and taking turns   to   break it.

Entonces Marco Polo llevó   la costumbre de regreso a Italia.
So   Marco Polo took   the custom   back   to Italy.

Allá   los italianos llamaron a esta jícara la *pignatta*   o "la olla en la forma
There the Italians   called   this gourd the *pignatta* or "a pot   in the shape

de un cono de pino." Pero era solo una olla sin adornos.
of a pine cone." But it was just a pot without decorations.

Es en México donde vemos por la primera vez la piñata
It is in Mexico where we see for the first time the piñata

que conocemos ahora, adornada con tantos colores.
that we know now, decorated with many colors.

Entre los mayas de México, en el pasado había un juego en donde
Among the Maya of Mexico, in the past there was a game in which

una persona con los ojos vendados usaba un palo
a person with their eyes blindfolded used a stick

para quebrar una olla que colgaban de un hilo.
to break a pot that was hung from a string.

Para celebrar el fin del año y el inicio del siguiente,
To celebrate the end of the year and the beginning of the next,

los aztecas adornaban una olla de barro con plumas
the Aztec decorated a pot of clay with feathers

y llenaban la olla con juguetes.
and filled the pot with toys.

Después lo alzaban en un poste y la gente intentaba pegarle con un palo.
Then it was raised on a pole and the people tried to hit it with a stick.

Así es que mucha gente cree que la piñata que conocemos ahora
So this is why many people believe that the piñata that we know now

que está adornada con papel de muchos colores viene de México,
that is decorated with paper of many colors comes from Mexico,

aunque el nombre de la piñata viene de Italia.
though the name of the piñata comes from Italy.

En este viaje que tomamos por el mundo podemos ver
On this trip that we took around the world we can see

que el origen de la palabra para la piñata no es tan importante como su mensaje—
that the origin of the word for the piñata is not as important as its message—

que la alegría crece al compartirla.
that happiness grows when it is shared.

La Piñata es para un Cumpleaños

Todos quieren tener una piñata para su cumpleaños. Bueno, casi todos.

Para una fiesta en México, especialmente para el cumpleaños de un niño, es importante tener una piñata para celebrar este día que es tan especial.

Se puede hacer la piñata en casa o comprarla en una tienda. La forma de la piñata varía según la costumbre de cada país y aun en diferentes regiones del mismo país.

En México la costumbre era hacer las piñatas de viejas ollas de barro. La gente cubría la olla con periódicos y luego adornaban la olla con más papel de diferentes colores. Pero ahora en muchos lugares hacen la piñata de cartón y así no pesa tanto.

Antes la forma de una piñata era una estrella con siete puntas. Dicen que estas siete puntas representaban los pecados que son mortales mientras el palo era la gracia. Ahora una piñata puede tomar la forma de un animal o de una persona, incluyendo personajes de televisión como el amarillo Gran Pájaro de "Plaza Sésamo."

En cada país se llena la piñata con lo que los niños quieren — pueden ser dulces, frutas, cacahuates o juguetes como silbatos y globos.

Si la fiesta es para un cumpleaños, después de que todos terminan de comer, un hombre cuelga la piñata de un mecate y los niños intentan romperla con un palo, mientras el hombre sube y baja la piñata.

A todos los niños les toca su turno con el palo. El niño o la niña con el palo tiene los ojos vendados con un trapo para que no pueda ver. Así es más difícil y más divertido.

Es muy animado, con todos gritando instrucciones a la persona con el palo, intentando quebrar la piñata. Gritan instrucciones como: "a la derecha" o "a la izquierda," "arriba" o "abajo," y "más fuerte" o "atrás." A veces cantan. Uno nunca sabe quién tendrá la buena suerte de lograr quebrar la piñata.

Por fin cuando quiebran la piñata los dulces caen al suelo y todos los niños intentan agarrar lo que pueden. Cuando los dulces caen lejos hasta los adultos logran agarrarlos.

La piñata nos enseña que no importa quien logra quebrarla, porque todos pueden compartir los dulces que caen.

Poca gente sabe el origen de la piñata. Hay varias explicaciones. ¿Puede adivinar de dónde viene?

¿Adivinó? No, no es de España. El nombre viene de Italia, a donde celebran con piñatas para fiestas como cumpleaños.

La costumbre de quebrar algo como una piñata empezó en varios lugares alrededor del mundo.

Algunos dicen que un explorador de Italia, Marco Polo, en un viaje a la China vio a los agricultores celebrando el comienzo de la primavera, llenando una jícara con semillas y tomando turnos para romperla.

Entonces Marco Polo llevó la costumbre de regreso a Italia. Allá los italianos llamaron a esta jícara la *pignatta* o "la olla en la forma de un cono del pino." Pero era sólo una olla sin adornos.

Es en México donde vemos por la primera vez la piñata que conocemos ahora, adornada con tantos colores. Entre los mayas de México, en el pasado había un juego en donde una persona con los ojos vendados usaba un palo para quebrar una olla que colgaban de un hilo.

Para celebrar el fin del año y el inicio del siguiente, los aztecas adornaban una olla de barro con plumas y llenaban la olla con juguetes. Después lo alzaban en un poste y la gente intentaba pegarle con un palo.

Así es que mucha gente cree que la piñata que conocemos ahora que está adornada con papel de muchos colores viene de México, aunque el nombre de la piñata viene de Italia. En este viaje que tomamos por el mundo podemos ver que el origen de la palabra para la piñata no es tan importante como su mensaje—que la alegría crece al compartirla.

The Piñata is for a Birthday

Everyone wants to have a piñata for their birthday. Well, almost everyone.

For a party in Mexico, especially for the birthday of a child it is important to have a piñata to celebrate this day that is so special.

You can make the piñata at home or buy it in a store. The shape of the piñata varies according to the custom of each country and even in different regions of the same country.

In Mexico the custom was to make the piñatas from old pots of clay. The people covered the pot with newspapers and then decorated the pot with more paper of different colors. But now in many places they make the piñata of cardboard and in this way it does not weigh so much.

Before, the shape of a piñata was a star with seven points. They say that these seven points represented the sins that are deadly while the stick was grace. Now a piñata can take the shape of an animal or of a person, including characters from television like the yellow Big Bird from "Sesame Street."

In each country they fill the piñata with whatever the children want—it can be candy, fruit, peanuts or toys like whistles and balloons.

If the party is for a birthday, after everyone finishes eating, a man hangs the piñata from a rope and the children try to break it with a stick, while the man raises and lowers the piñata. All the children have their turn with the stick.

The boy or girl with the stick has their eyes covered with a cloth so that they cannot see. This way it is more difficult and more fun.

It is very lively, with everyone yelling instructions to the person with the stick, trying to break the piñata. They shout instructions like: "to the right" or "to the left," "up" or "down," and "harder" or "behind." Sometimes they sing. You never know who will have the good luck to succeed at breaking the piñata.

Finally when they break the piñata the candies fall to the ground and all the children try to grab what they can. When the candies fall farther even the adults are able to grab them.

The piñata teaches us that it doesn't matter who is able to break it, because everyone can share the candies that fall.

Few people know the origin of the piñata. There are various explanations. Can you guess from where it came? Did you guess? No, it is not from Spain.

The name comes from Italy, where they celebrate with piñatas for parties like birthdays.

The custom of breaking something like a piñata began in several places around the world.

Some say that an explorer from Italy, Marco Polo, on a trip to China saw the farmers celebrating the beginning of spring, filling a gourd with seeds and taking turns to break it.

So Marco Polo took the custom back to Italy. There the Italians called this gourd the *pignatta* or a pot in the shape of a pinecone. But it was just a pot without decorations.

It is in Mexico where we see for the first time the piñata that we know now decorated with many colors. Among the Maya of Mexico, in the past there was a game in which a person with their eyes blindfolded used a stick to break a pot that was hung from a string.

To celebrate the end of the year and the beginning of the next, the Aztec decorated a pot of clay with feathers and filled the pot with toys. Then it was raised on a pole and the people tried to hit it with a stick.

So this is why many people believe that the piñata that we know now that is decorated with paper of many colors comes from Mexico, though the name of the piñata comes from Italy.

On this trip that we took throughout the world we can see that the origin of the word for the piñata is not as important as its message—that happiness grows when it is shared.

Capítulo 2 / Chapter 2

Maravilloso Mariachi ¿Cómo Empezó? / Marvelous Mariachi, How Did It Begin?

Cuando se oye la música de los Mariachis todos se ponen alegres,
When you hear the music of the Mariachis everyone becomes happy,

¿pero cómo empezó?
but how did it begin?

Algunos dicen que la palabra *mariachi* viene de *mariage*,
Some say that the word *mariachi* comes from *mariage*,

que significa matrimonio en francés.
which means marriage in French.

Otros dicen que la palabra viene de un grupo en México,
Others say that the word comes from a group in Mexico,

los coca de Cocollán, Jalisco, donde ellos
the Coca from Cocollan, Jalisco, where they

usaban la palabra para un instrumento que ellos tocaban.
used the word for an instrument that they played.

También la gente tocaba tambores de madera, jícaras,
Also   the people played   drums   of wood,   gourds,

y una flauta que se   llamaba la chirimía.
and a flute that they called the *chirimía*.

Otros dicen que mariachi viene del   nombre del árbol que se usaba para
Others say that *mariachi* comes from the name of a tree that they used for

fabricar una tarima para bailar.
making a platform for dancing.

Muchos años después los españoles llegaron para conquistar México.
Many   years later   the Spanish arrived   to   conquer   Mexico.

Ellos trajeron música de Europa   con arpas y guitarras.
They brought music from Europe with harps and guitars.

Durante cientos de años estas dos tradiciones de música se mezclaron
Over   hundreds of years these   two traditions of music   mixed

para crear un nuevo tipo de música que llegó a ser muy popular.
to   create a   new   type of music that became   very popular.

De esto vino lo que hoy se llama la música del   Mariachi.
From this came what today is called the music of the Mariachi.

En el pasado, cuando México era una colonia de España,
In the past,   when Mexico was a colony of Spain,

este tipo de música incluía   una enorme arpa, una guitarra, violines
this type of music included an enormous harp,   a guitar,   violins,

Capítulo 2 / Chapter 2

y   a veces   tambores y flautas.
and sometimes drums   and flutes.

Pero ninguna grabadora   existía.
But   no   tape recorder   existed.

Por este razón es   imposible saber   cómo sonaba.
For this reason it is impossible to know how it sounded.

El sonido   del   Mariachi que conocemos   hoy   fue creado   al añadir
The sound of the Mariachi that   we know   today was created by adding

dos nuevos instrumentos que son únicamente de México.
two new   instruments   that are unique   to Mexico.

Uno es la vihuela.
One is the *vihuela*.

Es como una guitarra, pero un poco más pequeña y gruesa.
It is like   a   guitar,   but   a bit   more   small   and thick.

Tiene cinco cuerdas de nylon y   su sonido es agudo y dulce.
It   has   five   strings   of nylon and its sound   is high   and sweet.

El otro instrumento es   el guitarrón, como una grande guitarra con seis cuerdas y
The other instrument is the *guitarrón*,   like   a   large   guitar   with six strings and

un sonido que es bajo y fuerte.
a sound   that is low and loud.

Se requiere fuerza para tocar este instrumento.
It requires strength   to play   this instrument.

Para crear el sonido de Mariachi se necesita ambos instrumentos.
To create the sound of Mariachi you need both instruments.

La música y el típico traje del Mariachi se desarrolló en los 1800s
The music and the typical costume of the Mariachi developed in the 1800s

en el oeste de México.
in the west of Mexico.

Dicen que venía de la música del Son de Jalisco.
They say it came from the music of the *Son* of Jalisco.

Esta música era popular también en Nayarit, Guerrero y Michoacán.
This music was popular also in Nayarit, Guerrero and Michoacan.

La ropa que ellos usaban era del estilo de los charros, con un ancho sombrero,
The clothing that they used was from the style of the cowboys, with a wide hat,

una corta chamarra, pantalones que eran apretados,
a short jacket, pants that were tight,

con botones que brillaban.
with buttons that shone.

Usaban un ancho cinturón y botas.
They used a wide belt and boots.

Uno de los más viejos grupos venía de las montañas del pueblo de Tecatitlán,
One of the oldest groups came from the mountains of the village of Tecatitlan.

Está cerca de Guadalajara, en el estado de Jalisco en el oeste de México.
It is close to Guadalajara, in the state of Jalisco in the west of Mexico.

Cerca de 1840, Plácido Rebolledo llegó a ser conocido como un Mariachi.
Around 1840, Plácido Rebolledo became known as a Mariachi.

Enseñó a su hijo, Gaspar, a ser un Mariachi y más tarde a su nieto, Silvestre.
He taught his son, Gaspar, to be a Mariachi and later on his grandson, Silvestre.

Al final de los 1800s, los músicos empezaron a tocar en la capital de México.
At the end of the 1800s, the musicians began to play in the capital of Mexico.

En 1905 la música de Mariachi llegó a la Plaza Garibaldi.
In 1905 the music of Mariachi arrived at the Plaza Garibaldi.

Después, cerca de los 1920, el nieto de Plácido Rebolledo,
Later, around the 1920s, the grandson of Plácido Rebolledo,

Silvestre Rebolledo, decidió ir a la capital también.
Silvestre Rebolledo, decided to go to the capital also.

Para entonces la radio había sido inventada.
By then the radio had been invented.

Cuando tocaron la música de Mariachi en la radio fue una gran sensación.
When they played the music of Mariachis on the radio it was a great sensation.

Silvestre Rebolledo llegó a ser famoso por todo México.
Silvestre Rebolledo became famous throughout all Mexico.

Durante este tiempo, nuevos instrumentos fueron añadidos al Mariachi—
During this time, new instruments were added to the Mariachi—

dos trompetas y más violines, hasta que el grupo llegó a ser como
two trumpets and more violins, until the group became like

una pequeña orquesta.
a small orchestra.

Parece que la trompeta llegó debido a la influencia del jazz
It appears that the trumpet arrived due to the influence of jazz

y la música de Cuba.
and the music of Cuba.

Según Patricia Díaz, en 1936 cuando Lázaro Cárdenas era un candidato
According to Patricia Díaz, in 1936 when Lazaro Cardenas was a candidate

para la presidencia, invitó el Mariachi Vargas de Tecatitlán
for the presidency, he invited the Mariachi Vargas de Tecatitlan

para acompañarle en su campaña, aumentando la fama de esta música.
to accompany him in his campaign, increasing the fame of this music.

Y Cárdenas ganó en las elecciones.
And Cárdenas won in the elections.

Con la radio la música se divulgó por todo México. Con los discos y el cine
With the radio the music spread throughout Mexico. With records and movies

cruzó la frontera con los Estados Unidos y alcanzó la fama
it crossed the border with the United States and achieved fame

por todo el mundo.
throughout the world.

El gran cantante, Vicente Fernandez, cantó con famosos grupos como Amanecer
The great singer, Vicente Fernandez, sang with famous groups like *Amanecer*

de Pepe Mendoza y los Mariachi de José Luis Aguilar.
of Pepe Mendoza and the Mariachi of José Luis Aguilar.

Las primeras mujeres en cantar con Mariachi fueron Lola Beltrán y Lucha Villa,
The first women to sing with Mariachi were Lola Beltran and Lucha Villa,

con la ayuda del Mariachi Vargas. Entre otras piezas
with the help of the Mariachi Vargas. Among other pieces

que ganaron la fama, Lola Beltrán cantó "Cucurrucucu Paloma."
that won fame, Lola Beltran sang "Cucurrucucu Paloma." (Dove)

En los EEUU el primer grupo de estudiantes tocando Mariachi empezaron
In the U.S. the first group of students playing Mariachi began

en 1961 en la Universidad de California en Los Angeles,
in 1961 at the University of California in Los Angeles,

con el nombre "Uclatlán."
with the name "Uclatlan."

En 1966, en la ciudad de Cuernavaca, en el sur de México,
In 1966, in the city of Cuernavaca, in the south of Mexico,

un sacerdote que era católico, de Canadá,
a priest who was Catholic, from Canada,

Padre Juan Marco LeClerc, creó una misa con Mariachi.
Father Juan Marco LeClerc, created a mass with Mariachi.

Ahora esta misa se celebra en México y en los Estados Unidos.
Now this mass is celebrated in Mexico and in the United States.

En los 1980s la cantante Linda Ronstadt de los EEUU contribuyó
In the 1980s the singer Linda Ronstadt of the U. S. contributed

a la música de Mariachi.
to the music of Mariachi.

Ella llegó a ser famosa por lo que cantaba en inglés, y después hizo un disco
She became famous for what she sang in English, and then made a record

en español de música en honor a su padre con el título: "Canciones de mi Padre."
in Spanish of music in honor of her father with the title: "Songs of my Father."

Debido a estas tradicionales canciones que ella grabó, la música
Due to these traditional songs that she recorded, the music

de Mariachi alcanzó aún más gente en los EE.UU.
of Mariachi reached even more people in the United States.

Ahora la música de Mariachi es conocida mundialmente.
Now the music of Mariachi is known worldwide.

En 2011 fue reconocida por UNESCO como patrimonio de la humanidad.
In 2011 it was recognized by UNESCO as the patrimony of humanity.

En septiembre en la ciudad de Guadalajara en el estado de Jalisco, México,
In September in the city of Guadalajara, in the state of Jalisco, México,

hay un Festival de Mariachi con músicos de todas partes del mundo.
there is a Festival of Mariachi with musicians from all parts of the world.

Enseñan la música de Mariachi en varias universidades y escuelas de música
They teach the music of Mariachi in various universities and schools of music

en México y en otros países también.
in Mexico and in other countries as well.

La próxima vez que escuchas a Mariachis, puedes acordar
The next time that you listen to Mariachis, you can remember

de las distintas tradiciones y los instrumentos que se combinaron
the different traditions and the instruments that combined

para crear este tipo de música que es tan maravillosa,
to create this type of music that is so marvelous,

que viene del corazón de México.
that comes from the heart of Mexico.

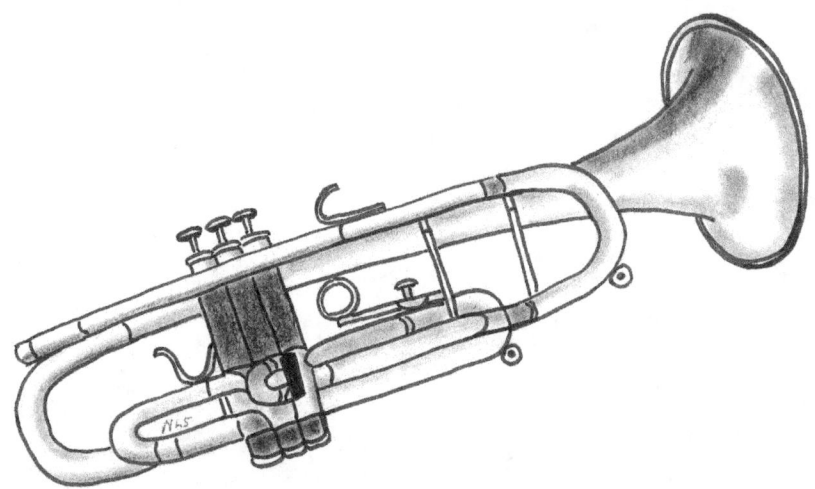

Maravilloso Mariachi ¿Cómo Empezó?

Cuando se oye la música de los Mariachis todos se ponen alegres ¿pero cómo empezó?

Algunos dicen que la palabra *mariachi* viene de *mariage*, que significa matrimonio en francés. Otros dicen que la palabra viene de un grupo en México, los coca en Cocollán, Jalisco, donde ellos usaban la palabra para un instrumento que ellos tocaban. También la gente tocaba tambores de madera, jícaras, y una flauta que se llamaba la *chirimía*.

Otros dicen que *mariachi* viene del nombre del árbol que se usaba para fabricar una tarima para bailar.

Muchos años después los españoles llegaron para conquistar México. Ellos trajeron música de Europa con arpas y guitarras.

Durante cientos de años estas tradiciones de música se mezclaron para crear un nuevo tipo de música que llegó a ser muy popular. De esto vino lo que hoy se llama la música del Mariachi.

En el pasado cuando México era una colonia de España, este tipo de música incluía una enorme arpa, una guitarra, violines y a veces tambores y flautas. Pero ninguna grabadora existía. Por este razón es imposible saber cómo sonaba.

El sonido del Mariachi que conocemos hoy fue creado al añadir dos nuevos instrumentos que son únicamente de México. Uno es la vihuela. Es como una guitarra, pero un poco más pequeña y gruesa. Tiene cinco cuerdas de nylon y su sonido es agudo y dulce.

El otro instrumento es el guitarrón, como una grande guitarra con seis cuerdas y un sonido que es bajo y fuerte. Se requiere fuerza para tocar este instrumento. Para crear el sonido de Mariachi se necesita ambos instrumentos.

La música y el típico traje del Mariachi se desarrolló en los 1800s en el oeste de México. Dicen que venía de la música del Son de Jalisco. Esta música era popular también en Nayarit, Guerrero y Michoacán.

La ropa que ellos usaban era del estilo de los charros, con un ancho sombrero, una corta chamarra, pantalones que eran apretados, con botones que brillaban. Usaban un ancho cinturón y botas.

Uno de los más viejos grupos venía de las montañas del pueblo de Tecatitlán. Está cerca de Guadalajara, en el estado de Jalisco en el oeste de México.

Cerca de 1840, Plácido Rebolledo llegó a ser conocido como un Mariachi. Enseñó a su hijo, Gaspar, a ser un Mariachi y más tarde a su nieto, Silvestre. Al final de los 1800s, los músicos empezaron a tocar en la capital de México. Dicen que en 1905 la música de Mariachi llegó a la Plaza Garibaldi.

Después, cerca de los 1920, el nieto de Plácido Rebolledo, Silvestre Rebolledo, decidió ir a la capital también. Para entonces la radio había sido inventada. Cuando tocaron la música de Mariachi en la radio fue una gran sensación. Silvestre Rebolledo llegó a ser famoso por todo México.

Durante este tiempo, nuevos instrumentos fueron añadidos al Mariachi—dos trompetas y más violines, hasta que el grupo llegó a ser como una pequeña orquesta. Parece que la trompeta llegó debido a la influencia del jazz y la música de Cuba.

Según Patricia Díaz, en 1936 cuando Lázaro Cárdenas era un candidato para la presidencia, invitó el Mariachi Vargas de Tecatitlán para acompañarle en su campaña, aumentando la fama de esta música. Y Cárdenas ganó en las elecciones.

Con la radio la música se divulgó por todo México. Con los discos y el cine cruzó la frontera con los Estados Unidos y alcanzó la fama por todo el mundo. El gran cantante, Vicente Fernandez, cantó con famosos grupos como *Amanecer* de Pepe Mendoza y los Mariachi de José Luis Aguilar.

Las primeras mujeres en cantar con Mariachi fueron Lola Beltrán y Lucha Villa, Con la ayuda del Mariachi Vargas. Entre otras piezas que ganaron la fama, Lola Beltrán cantó "Cucurrucucu Paloma."

En los EEUU el primer grupo de estudiantes tocando Mariachi empezaron en 1961 en la Universidad de California en Los Angeles, con el nombre "Uclatlán."

En 1966, en la ciudad de Cuernavaca, en el sur de México, un sacerdote que era católico, de Canadá, Padre Juan Marco LeClerc, creó una misa con Mariachi. Ahora esta misa se celebra en México y en los Estados Unidos.

En los 1980s la cantante Linda Ronstadt de los EEUU contribuyó a la música de Mariachi. Ella llegó a ser famosa por lo que cantaba en inglés, y después hizo un disco en español de música en honor a su padre con el título: "Canciones de mi Padre." Debido a estas tradicionales canciones que ella grabó, la música de Mariachi alcanzó aún más gente en los EEUU.

Ahora la música de Mariachi es conocida mundialmente. En 2011 fue reconocida por UNESCO como patrimonio de la humanidad. En septiembre en la ciudad de Guadalajara en el estado de Jalisco, México, hay un Festival de Mariachi con músicos de todas partes del mundo. Enseñan la música de Mariachi en varias universidades y escuelas de música en México y en otros países también.

La próxima vez que escuchas Mariachis, puedes acordar de las distintas tradiciones y los instrumentos que se combinaron para crear este tipo de música tan maravillosa, que viene del corazón de México.

Marvelous Mariachi, How Did It Begin?

When you hear the music of the Mariachis everyone becomes happy, but how did it begin?

Some say that the word *mariachi* comes from *mariage*, which means marriage in French. Others say that the word comes from a group in Mexico, the Coca from Cocollán, Jalisco, where they used the word for an instrument that they played. Also the people played drums of wood, gourds, and a flute that they called the *chirimía*.

Others say that *mariachi* comes from the name of a tree that they used for making a platform for dancing.

Many years later the Spanish arrived to conquer Mexico. They brought music from Europe with harps and guitars. Over hundreds of years these two traditions of music mixed to create a new type of music that became very popular. From this came what today is called the music of the Mariachi.

In the past when Mexico was a colony of Spain, this type of music included an enormous harp, a guitar, violins, and sometimes drums and flutes. But no tape recorder existed. For this reason it is impossible to know how it sounded.

The sound of the Mariachi that we know today was created by adding two new instruments that are unique to Mexico. One is the *vihuela*. It is like a guitar, but a bit more small and thick. It has five strings of nylon and its sound is high and sweet.

The other instrument is the *guitarrón*, like a large guitar with six strings and a sound that is low and loud. It requires strength to play this instrument. To create the sound of Mariachi you need both instruments.

The music and the typical costume of the Mariachi developed in the 1800s in the west of Mexico. They say it came from the music of the *Son* of Jalisco. This music was popular also in Nayarit, Guerrero and Michoacán.

The clothing that they used was from the style of the cowboys, with a wide hat, a short jacket, pants that were tight, with buttons that shone. They used a wide belt and boots.

One of the oldest groups came from the mountains of the village of Tecatitlán. It is close to Guadalajara, in the state of Jalisco in the west of Mexico.

Around 1840, Plácido Rebolledo became known as a Mariachi. He taught his son, Gaspár, to be a mariachi and later on his grandson, Silvestre. At the end of the 1800s, the musicians began to play in the capital of Mexico. In 1905 the music of Mariachi arrived at the Plaza Garibaldi.

Later, around 1920s, the grandson of Plácido Rebolledo, Silvestre Rebolledo, decided to go to the capital also. By then the radio had been invented. When they played the music of Mariachis on the radio it was a great sensation. Silvestre Rebolledo became famous throughout all Mexico.

During this time, new instruments were added to the Mariachi—two trumpets and more violins, until the group became like a small orchestra. It appears that the trumpet arrived due to the influence of jazz and the music of Cuba.

According to Patricia Díaz, in 1936 when Lázaro Cárdenas was a candidate for the presidency, he invited the Mariachi Vargas de Tecatitlán to accompany him in his campaign, increasing the fame of this music. And Cárdenas won in the elections.

With the radio the music spread throughout Mexico. With records and movies it crossed the border with the United States and achieved fame throughout the world.

The great singer, Vicente Fernandez, sang with famous groups like *Amanecer* of Pepe Mendoza and the Mariachi of José Luis Aguilar. The first women to sing with Mariachi were Lola Beltrán and Lucha Villa, with the help of the Mariachi Vargas. Among other pieces that won fame, Lola Beltrán sang "Cucurrucucu Paloma" (Dove).

In the U.S. the first group of students playing Mariachi began in 1961 at the University of California in Los Angeles with the name "Uclatlán."

In 1966, in the city of Cuernavaca, in the south of Mexico, a priest who was Catholic, from Canada, Father Juan Marco LeClerc, created a mass with Mariachi. Now this mass is celebrated in Mexico and in the United States.

In the 1980s the singer Linda Ronstadt of the United States contributed to the music of Mariachi. She became famous for what she sang in English, and then made a record in Spanish of music in honor of her father with the title: "Songs of my Father."

Due to these traditional songs that she recorded, the music of Mariachi reached even more people in the United States. Now the music of Mariachi is known worldwide. In 2011 it was recognized by UNESCO as the patrimony of humanity.

In September in the city of Guadalajara, in the state of Jalisco, México, there is a Festival of Mariachi with musicians from all parts of the world. They teach the music of Mariachi in various universities and schools of music in Mexico and in other countries as well.

The next time that you listen to Mariachis, you can remember the different traditions and the instruments that combined to create this type of music that is so marvelous, that comes from the heart of Mexico.

Capítulo 3 / Chapter 3

Gigantes Bailando /
Giants Dancing

¿Qué dirías si vieras enormes gigantes venir bailando por la calle?
What would you say if you saw enormous giants come dancing through the street?

Claro que te apartarías de la vía.
Of course you would get out of the way.

El sonido de una banda avisa a la gente que algo emocionante viene,
The sound of a band tells the people that something exciting is coming,

y la gente se junta por la orilla del camino para mirar.
and the people gather along the edge of the road to watch.

El alegre sonido de la banda anuncia la llegada de los gigantes
The happy sound of the band announces the arrival of the Giants

que vienen atrás en una animada procesión, brincando y girando.
that follow behind in a lively procession, jumping and twirling.

Los gigantes son figuras con una altura de tres metros, portadas por personas adentro
The Giants are figures with a height of three meters, carried by people inside

que hacen al gigante bailar y brincar   al   ritmo   de la música de la banda.
that make the Giant   dance and jump to the rhythm of the music of the band.

A veces   un gigante se detiene y   baila frente a un niño y alguien toma una foto.
Sometimes a giant   stops   and dances before a child and someone takes a photo.

Para los gigantes es divertido correr hacia   la gente   y girar
For   the giants   it is fun   to run   up to the crowd and spin

hasta que las manos en sus largos brazos le pegan a la cara de algunos que están
until   the hands on their long   arms   hit   the faces of some   that are

mirando y carcajeando.
watching and laughing.

A veces   un gigante corre tras de un joven persiguiéndolo.
Sometimes a giant   runs after   a young man chasing him.

Tipos de Gigantes
Types of Giants

Cada gigante tiene una cabeza hecha con capas de periódico y   encima hay
Each giant   has   a   head   made with layers of newspaper and on top there is

papel de muchos colores. Además   les   pintan las caras.
paper of   many   colors.   In addition they paint the faces.

El cuerpo del gigante está montado en una estructura de alambre para sostenerlo.
The body of the giant   is mounted on a   structure of wire   to   support it.

Adentro de cada gigante hay un joven cargando la estructura,
Inside   of each Giant is   a youth carrying   the structure,

saltando y girando al ritmo de la música.
hopping and spinning to the rhythm of the music.

El danzante puede ver por un agujero abajo del cuello del gigante.
The dancer can see through a hole below the neck of the giant.

Muchas veces el danzante es un muchacho, pero ahora una muchacha puede
Many times the dancer is a boy, but now a girl can

cargar un gigante también.
carry a giant as well.

Cada gigante tiene un traje que es especial, según el personaje representado.
Each giant has a costume that is special, according to the character represented.

A veces vienen en parejas—un gigante con una giganta.
Sometimes they come in pairs— a giant with a giantess.

Se puede encontrar gigantes por toda Latinoamérica y en el sur de Europa.
You can find giants through all Latin America and in the south of Europe.

En todos estos países los gigantes bailan para las fiestas del santo del pueblo
In all these countries the giants dance for the feast of the saint of the town

y para otros eventos también.
and for other events as well.

Los gigantes son muy altos, pero en México hay bajitos también,
The giants are very tall, but in Mexico there are short ones also,

que se llaman "enanos", cargados por niños y niñas.
that are called "dwarves," carried by boys and girls.

En algunos países, como España y Costa Rica,
In some countries, such as Spain and Costa Rica,

hay además lo que llaman Cabezudos, con solo una cabeza de papel
there are also what they call Big Heads, with just a head of paper

que un niño o una niña carga en sus manos como una gran máscara
that a boy or a girl holds in their hands like a big mask

cubriendo la cabeza del danzante, no sólo la cara.
covering the head of the dancer, not just the face.

Los que cargan un Cabezudo llevan ropa de vivos colores como payasos
Those who carry a Big Head wear clothing of lively colors like clowns

y ellos pueden ver hacia afuera por los ojos de la máscara.
and they can look out through the eyes of the mask.

Personajes y Políticos
Personalities and Politicians

Hay gigantes de muchos diferentes personajes y estilos.
There are giants of many different personalities and styles.

Dependiendo en donde estás en el mundo hay ciertos personajes que son especiales.
Depending on where you are in the world there are certain characters that are special.

Por ejemplo, en el sur de México en el estado de Oaxaca se puede ver La Tehuana.
For example, in the south of Mexico in the state of Oaxaca you can see the *Tehuana*.

Algunos de los gigantes que se ve representan el Diablo, la Bruja y la Muerte,
Some of the Giants that you see represent the Devil, the Witch and Death,

y pueden ser espantosos.
and they can be frightening.

En Costa Rica muchos de los Cabezudos son pájaros y animales como ranas.
In Costa Rica many of the Big Heads are birds and animals like frogs.

Orígenes
Origins

Algunas personas dicen que la tradición de los gigantes viene de España, Italia, Francia y
Some people say that the tradition of the Giants comes from Spain, Italy, France and

Grecia, pero había gigantes en África y Asia también.
Greece, but there were giants in Africa and Asia as well.

Mucho antes de la llegada de los españoles, en México
Long before the arrival of the Spaniards, in Mexico

había gigantes bailando en las procesiones para los festivales de los aztecas.
there were giants dancing in the processions for the festivals of the Aztecs.

En el estado de Oaxaca, los zapotecas honraban al dios y a la diosa del maíz
In the state of Oaxaca, the Zapotec honored the god and the goddess of corn

con los bailes de los gigantes.
with the dances of the giants.

Desde 1526 cuando México era una colonia de España,
Since 1526 when Mexico was a colony of Spain,

había gigantes, cabezudos y tarascas bailando en la fiesta del Corpus Christi,
there were Giants, Big Heads, and Tarascas dancing in the festival of the Body of Christ,

el más importante en la capital de México durante aquel periódo.
the most important in the capital of Mexico during that period.

Después, las danzas de los gigantes fueron ofrecidas en honor a la Virgen del Carmen.
Later, the dances of the giants were offered to honor the Virgin of Carmen.

Figuras Que Son Contemporáneas
Figures That Are Contemporary

En California, en la Universidad de Santa Clara, el profesor de arte, Sam Hernández,
In California, at Santa Clara University, the professor of art, Sam Hernandez,

invitó a dos artistas de Navata, España, para ofrecer un curso sobre cómo hacer gigantes.
invited two artists from Navata, Spain, to offer a class on how to make giants.

En España lo llaman "haciendo cartonería" porque ellos hacen gigantes de cartón.
In Spain this is called "making cardboard" because they make giants from cardboard.

Los dos artistas eran David Ventura y Neus Hosta.
The two artists were David Ventura and Neus Hosta.

Para la clase dijeron a los estudiantes que utilizaran su imaginación para crear
For the class they told the students to use their imagination to create

sus propios gigantes.
their own giants.

Algunos gigantes eran chistosos como una Mano de Azul, un Conejo de Chocolate,
Some giants were funny like a Hand of Blue, a Rabbit of Chocolate,

una Hamburguesa y una Gallina.
a Hamburger and a Chicken.

Otros eran serios como Ignorancia, Suicidio, el Diablo y San Ignacio de Loyola.
Others were serious like Ignorance, Suicide, the Devil, and St. Ignatius of Loyola.

En algunos países han creado gigantes para burlarse de los políticos y la policía.
In some countries they have created giants to make fun of the politicians and the police.

Los gigantes continúan haciéndonos reír y carcajear,
The Giants continue making us smile and laugh,

pero además ellos enseñan algo importante.
but also they teach something important.

Expresan ideas como lo Bueno y lo Malo en formas que podemos ver y entender,
They express ideas like the Good and the Bad in ways that we can see and understand,

aun cuando es algo que da miedo o algo muy triste,
even when it is something that is scary or something very sad,

o cuando es algo que normalmente evitamos.
or when it is something that normally we avoid.

Los gigantes revelan nuestros temores, esperanzas y sueños
The giants reveal our fears, hopes and dreams

para que podamos pensar en quiénes somos y en cómo queremos ser.
so that we can think about who we are and about how we want to be.

Gigantes Bailando

¿Qué dirías si vieras enormes gigantes venir bailando por la calle? Claro que te apartarías de la vía.

El sonido de una banda avisa a la gente que algo emocionante viene, y la gente se junta por la orilla del camino para mirar.

El alegre sonido de la banda anuncia la llegada de los gigantes que vienen atrás en una animada procesión, brincando y girando.

Los gigantes son figuras con una altura de tres metros, portadas por personas adentro que hacen al gigante bailar y brincar al ritmo de la música de la banda. A veces un gigante se detiene y baila frente a un niño y alguien toma una foto.

Para los gigantes es divertido correr hacia la gente y girar hasta que las manos en sus largos brazos le pegan a la cara de algunos que están mirando y carcajeando. A veces un gigante corre tras de un joven persiguiéndolo.

Tipos de Gigantes

Cada gigante tiene una cabeza hecha con capas de periódico y encima hay papel de muchos colores. Además les pintan las caras. El cuerpo del gigante está montado en una estructura de alambre para sostenerlo.

Adentro de cada gigante hay un joven cargando la estructura, saltando y girando al ritmo de la música. El danzante puede ver por un agujero abajo del cuello del gigante. Muchas veces el danzante es un muchacho, pero ahora una muchacha puede cargar un gigante también.

Cada gigante tiene un traje que es especial, según el personaje representado. A veces ellos vienen en parejas—un gigante con una giganta.

Se puede encontrar gigantes por toda Latinoamérica y en el sur de Europa. En todos estos países los gigantes bailan para las fiestas del santo del pueblo y para otros eventos también.

Los gigantes son muy altos, pero en México hay bajitos también, que se llaman "enanos", cargados por niños y niñas.

En algunos países, como España y Costa Rica, hay además lo que llaman Cabezudos, con solo una cabeza de papel que un niño o una niña carga en sus manos como una gran máscara cubriendo la cabeza del danzante, no sólo la cara. Los que cargan un Cabezudo llevan ropa de vivos colores como payasos y ellos pueden ver hacia afuera por los ojos de la máscara.

Personajes y Políticos

Hay gigantes de muchos diferentes personajes y estilos. Dependiendo en donde estás en el mundo hay ciertos personajes que son especiales.

Por ejemplo, en el sur de México en el estado de Oaxada se puede ver *La Tehuana*. Algunos de los gigantes que se ve representan el Diablo, la Bruja y la Muerte, y pueden ser espantosos. En Costa Rica muchos de los Cabezudos son pájaros y animales como ranas.

Orígenes

Algunas personas dicen que la tradición de los gigantes viene de España, Italia, Francia y Grecia, pero había gigantes en África y Asia también. Mucho antes de la llegada de los españoles, en México había gigantes bailando en las procesiones para los festivales de los aztecas.

En el estado de Oaxaca, los zapotecos honraban al dios y a la diosa del maíz con los bailes de los gigantes.

Desde 1526 cuando México era una colonia de España había gigantes, cabezudos y tarascas bailando en la fiesta del Corpus Christi, el más importante en la capital de México durante aquel período. Después, las danzas de los gigantes fueron ofrecidas en honor a la Virgen del Carmen.

Figuras Que Son Contemporáneas

En California, en la Universidad de Santa Clara el profesor de arte, Sam Hernández, invitó a dos artistas de Navata, España, para ofrecer un curso sobre cómo hacer gigantes. En España lo llaman "haciendo cartonería" porque ellos hacen gigantes de cartón. Los dos artistas eran David Ventura y Neus Hosta.

Para la clase dijeron a los estudiantes que utilizaran su imaginación para crear sus propios gigantes. Algunos gigantes eran chistosos como una Mano de Azul, un Conejo de Chocolate, una Hamburguesa y una Gallina. Otros eran serios como Ignorancia, Suicidio, el Diablo y San Ignacio de Loyola.

En algunos países han creado gigantes para burlarse de los políticos y la policía.

Los gigantes continúan haciéndonos reír y carcajear, pero además ellos enseñan algo importante. Expresan ideas como lo Bueno y lo Malo en formas que podemos ver y entender, aun cuando es algo que da miedo o algo muy triste, o cuando es algo que normalmente evitamos.

Los gigantes revelan nuestros temores, esperanzas y sueños para que podamos pensar en quiénes somos y en cómo queremos ser.

Giants Dancing

What would you say if you saw enormous giants come dancing through the street? Of course you would get out of the way.

The sound of a band tells the people that something exciting is coming, and the people gather along the edge of the road to watch. The happy sound of the band announces the arrival of the Giants that follow behind in a lively procession, jumping and twirling.

The Giants are figures with a height of three meters, carried by people inside that make the Giant dance and jump to the rhythm of the music of the band.

Sometimes a giant stops and dances before a child and someone takes a photo. For the giants it is fun to run up to the crowd and spin until the hands on their long arms hit the faces of some that are watching and laughing. Sometimes a giant runs after a young man chasing him.

Types of Giants

Each giant has a head made with layers of newspaper and on top there is paper of many colors. In addition they paint the faces.

The body of the giant is mounted on a structure of wire to support it. Inside of each Giant is a youth carrying the structure, hopping and spinning to the rhythm of the music. The dancer can see through a hole below the neck of the giant. Many times the dancer is a boy, but now a girl can carry a giant as well.

Each giant has a costume that is special, according to the character represented. Sometimes they come in pairs—a giant with a giantess.

You can find giants through all Latin America and in the south of Europe. In all these countries the giants dance for the feast of the saint of the town and for other events as well. The giants are very tall, but in Mexico there are short ones also, that are called "dwarves," carried by boys and girls.

In some countries, such as Spain and Costa Rica, there are also what they call Big Heads, with just a head of paper that a boy or a girl holds in their hands, like a big mask covering the head of the dancer, not just the face. Those who carry a Big Head wear clothing of lively colors like clowns and they can look out through the eyes of the mask.

Personalities and Politicians

There are giants of many different personalities and styles. Depending on where you are in the world there are certain characters that are special.

For example, in the south of Mexico in the state of Oaxaca you can see the *Tehuana*. Some of the Giants that you see represent the Devil, the Witch and Death, and they can be frightening. In Costa Rica many of the Big Heads are birds and animals like frogs.

Origins

Some people say that the tradition of the Giants comes from Spain, Italy, France and Greece, but there were giants in Africa and Asia as well. Long before the arrival of the Spaniards in Mexico, there were giants dancing in the processions for the festivals of the Aztecs.

In the state of Oaxaca, the Zapotec honored the god and the goddess of corn with the dances of the giants.

Since 1526 when Mexico was a colony of Spain, there were Giants, Big Heads, and Tarascas dancing in the festival of the Body of Christ, the most important in the capital of Mexico during that period. Later, the dances of the giants were offered to honor the Virgin of Carmen.

Figures That Are Contemporary

In California, at Santa Clara University, the professor of art, Sam Hernandez, invited two artists from Navata, Spain, to offer a class on how to make giants. In Spain this is called "making cardboard" because they make giants from cardboard. The two artists were David Ventura and Neus Hosta.

For the class they told the students to use their imagination to create their own giants. Some giants were funny like a Hand of Blue, a Rabbit of Chocolate, a Hamburger and a Chicken. Others were serious like Ignorance, Suicide, the Devil, and St. Ignatius of Loyola.

In some countries they have created giants to make fun of the politicians and the police.

The Giants continue making us smile and laugh, but also they teach something important. They express ideas like the Good and the Bad in ways that we can see and understand, even when it is something that is scary or something very sad, or when it is something that normally we avoid.

The Giants reveal our fears, hopes and dreams so that we can think about who we are and about how we want to be.

Capítulo 4 / Chapter 4

Posadas para la Navidad /
Posadas for Christmas

Origen
Origin

¿Cómo se siente cuando uno no tiene adonde quedarse y tiene hambre y frío?
How does it feel when you do not have somewhere to stay and are hungry and cold?

Esto es lo que sucedió a La Virgen María y San José en el pasado,
This is what happened to the Virgin Mary and Saint Joseph in the past,

cuando buscaban adonde quedarse en Belén.
when they searched for a place to stay in Bethlehem.

La Virgen María estaba a punto de dar a luz al Niño Jesús,
The Virgin Mary was about to give birth to the Baby Jesus,

pero ella y San José tuvieron que viajar de Nazaret a Belén.
but she and Saint Joseph had to travel from Nazareth to Bethlehem.

Esto fue porque el emperador de Roma, Cesar Augustus,
This was because the Emperor of Rome, Caesar Augustus,

pasó una ley mandando a cada hombre regresar adonde   nació
passed a law   ordering   each man   to return   to where he was born

para participar en el censo   y pagar los impuestos.
to   take part   in the census and pay   the taxes.

Por eso San José   tuvo que ir a Belén   a reportarse para el censo   y pagar
So   Saint Joseph had to go   to Bethlehem to report   for the census and pay

los impuestos al emperador.
the taxes   to the emperor.

Algunos dicen que la gente empezó a representar la jornada de la Sagrada Familia durante
Some   say that people   began   representing   the journey of the Holy   Family during

las Posadas hace tiempo en 1538, cuando los españoles misioneros llegaron a México.
*las Posada*s   long ago   in 1538, when   the Spanish   missionaries   came   to Mexico.

Dicen   que San   Ignacio Loyola   creó las Posadas como una manera de enseñar
They say that Saint Ignatius of Loyola created *las Posadas* as   a way   of teaching

la vida de Jesús a   los indígenas   de México para   convertirlos   en Católicos.
the life of Jesus to   the native peoples of Mexico to   convert them into Catholics.

Otros dicen que habían   antecedentes para las Posadas en la forma de las celebraciones
Others   say that there were antecedents for the *Posadas*   in the form   of the celebrations

de los aztecas en honor a   su dios,   Colibrí Zurdo,   el dios de la guerra,
of the Aztec   in honor of their god, Hummingbird on the Left, the god of war,

que celebraban   en diciembre desde el 17   hasta el 26   durante el solsticio.
that was celebrated in December from the 17th until the 26th during the solstice.

Cómo Celebrar una Posada
How to Celebrate a Posada

Una posada es un albergue; es un tipo de hospedaje.
A *posada* is an inn;   it is a kind of   lodging.

Durante las Posadas la gente juega los roles de la Sagrada Familia
During *las Posadas*   people   play the roles of the Holy Family

buscando un lugar adonde   quedarse.
searching for a place where they can stay.

La celebración de las Posadas   dura nueve noches,
The celebration of *las Posadas*   lasts   nine nights,

desde el 16 de diciembre hasta el 24 de diciembre.
from the 16th of December until the 24th of December.

En el pasado la gente llevaba faroles durante las Posadas para representar
In the past   the people carried lanterns during *las Posadas* to   represent

la estrella que guiaba a la Sagrada Familia, pero ahora llevan   velas.
the star   that guided   the Holy Family,   but now they carry candles.

En algunos lugares un niño se viste como un ángel y
In some   places a child is dressed   as an angel and

lleva la procesión para indicar el camino.
leads the procession to   show   the way.

Normalmente la procesión de peregrinos buscando hospedaje   camina
Usually   the procession   of pilgrims looking for lodging   walks

por las calles y luego hasta la iglesia o a las casas de las personas
along the streets and then to the church or to the houses of the people

tomando el rol de los dueños de la posada.
taking the role of the owners of the inn.

Cuando Las Posadas se celebran en las casas,
When *Las Posadas* are celebrated in the houses,

nueve familias ofrecen sus casas para cada noche de las Posadas.
nine families offer their houses for each night of the *Posadas*.

Para cada noche hay una familia que invita los peregrinos a su casa.
For each night there is a family who invites the pilgrims to their house.

Invitan a sus parientes, amigos y vecinos a venir y cantar con ellos.
They invite their relatives, friends and neighbors to come and sing with them.

Algunas personas toman los roles de José y María, vestidos en trajes.
Some people take the roles of Joseph and Mary, dressed in costumes.

María está sentada en un burro que José lleva con un mecate.
Mary is seated on a burro that Joseph leads with a rope.

O la gente lleva estatuas de María y José en una procesión.
Or people carry statues of Mary and Joseph in a procession.

Algunos niños se visten de pastores y campesinos.
Some children dress as shepherds and farmers.

Durante la celebración de las Posadas, cada noche todos caminan a la iglesia, o
During the celebration of *las Posadas*, each night everyone walks to the church, or

ellos caminan a la casa que visitan para esa noche, cantando y llevando velas.
they walk to the house they visit for that night, singing and carrying candles.

Las canciones hablan de la búsqueda de la Sagrada Familia para hospedaje.
The songs tell of the search of the Holy Family for shelter.

Cuando la procesión llega a la puerta de la iglesia o de la casa,
When the procession reaches the door of the church or of the house,

la mitad del grupo entra y cierra la puerta.
one half of the group enters and shuts the door.

Ellos representan los hoteleros.
They represent the innkeepers.

Después los que están afuera cantan el rol de María y José pidiendo posada.
Then those who are outside sing the part of Mary and Joseph asking for lodging.

El grupo adentro que representa los hoteleros cantan: "No tenemos ningún cuarto."
The group inside who represent the innkeepers sing: "No, we do not have any room."

Los dos grupos cantan uno al otro hasta que por fin en la tercera vez
The two groups sing one to another until finally on the third time

el grupo de los hoteleros dice: "Sí, hay lugar y Uds pueden entrar."
the group of the innkeepers says: "Yes, there is room and you can come in."

Abren la puerta ampliamente y todos cantan con alegría.
They open the door wide and everyone sings with joy.

Los que estaban afuera cantando el rol de María y José ya entran para
Those who were outside singing the part of Mary and Joseph now go in to

compartir en la celebración con comida y bebidas.
share in the celebration with food and drinks.

Madrinas para las Posadas en Oaxaca y en Tejas
Godmothers for the Posadas in Oaxaca and in Texas

En Oaxaca, México, para cada noche de las Posadas hay una madrina.
In Oaxaca, Mexico, for each night of the *Posadas* there is a godmother.

Cada noche la madrina reparte dulces, juguetes y silbatos a los niños.
Each night the godmother gives out candy, toys, and whistles to the children.

En la última noche, el 24 de diciembre, hay una misa.
On the last night, the 24th of December, there is a mass.

Después de la Posada la fiesta empieza, con comida como
After the *Posada* the party begins, with dishes like

tamales que son dulces con pasas y canela, y también hay una piñata
tamales that are sweet with raisins and cinnamon, and also there is a *piñata*

llena de dulces, frutas y cacahuates para los niños.
full of candy, fruit and peanuts for the children.

Al norte de México, en San Antonio, Tejas, han estado celebrando Posadas
To the north of Mexico, in San Antonio, Texas, they have been celebrating *Posadas*

por más de cuarenta años.
for more than forty years.

Hay coros caminando por las calles cantando y llevando velas.
There are choirs walking through the streets singing and carrying candles.

Al final de las Posadas hay una piñata en la forma de una estrella,
At the end of the *Posadas* there is a piñata in the shape of a star,

como la que guiaba la Sagrada Familia cuando ellos buscaban un cuarto.
like the one that guided the Holy Family when they searched for a room.

Adonde sea que celebran las Posadas, esto representa una oportunidad para traer esperanza
Wherever they celebrate the *Posadas*, it represents an opportunity to bring hope

y alegría a las familias por el mundo,
and joy to families around the world,

mostrando que siempre habría
showing that always there will be

una manera de encontrar un lugar para todos.
a way to find a room for all.

Posadas para la Navidad

Origen

¿Cómo se siente cuando uno no tiene adonde quedarse y tiene hambre y frío?

Esto es lo que sucedió a La Virgen María y San José en el pasado, cuando buscaban adonde quedarse en Belén. La Virgen María estaba a punto de dar a luz al Niño Jesús, pero ella y San José tuvieron que viajar de Nazaret a Belén.

Esto fue porque el emperador de Roma, Cesar Augustus, pasó una ley mandando a cada hombre regresar adonde nació para participar en el censo y pagar los impuestos. Por eso San José tuvo que ir a Belén a reportarse para el censo y pagar los impuestos al emperador.

Algunos dicen que la gente empezó a representar la jornada de la Sagrada Familia durante las Posadas hace tiempo en 1538, cuando los españoles misioneros llegaron a México. Dicen que San Ignacio Loyola creó las Posadas como una manera de enseñar la vida de Jesús a los indígenas de México para convertirlos en Católicos.

También dicen que habían antecedentes para las Posadas en la forma de las fiestas de los aztecas en honor a su dios, Colibrí Zurdo, el dios de la guerra, que celebraban en diciembre desde el 17 hasta el 26 durante el solsticio.

Cómo Celebrar una Posada

Una posada es un albergue; es un tipo de hospedaje. Durante las Posadas la gente juega los roles de la Sagrada Familia buscando un lugar adonde quedarse. La celebración de las Posadas dura nueve noches, desde el 16 de diciembre hasta el 24 de diciembre.

En el pasado la gente llevaba faroles durante las Posadas para representar la estrella que guiaba a la Sagrada Familia, pero ahora llevan velas. En algunos lugares un niño se viste como un ángel y lleva la procesión para indicar el camino.

Normalmente la procesión de peregrinos buscando hospedaje camina por las calles y luego a la iglesia o a las casas de las personas representando el rol de los dueños de la posada.

Cuando las Posadas se celebran en las casas, nueve familias ofrecen sus casas para cada noche de las Posadas. Para cada noche hay una familia que invita los peregrinos a su casa. Invitan a sus parientes, amigos y vecinos a venir y cantar con ellos.

Algunas personas toman los roles de José y María, vestidos en trajes. María está sentada en un burro que José lleva con un mecate. O la gente lleva estatuas de María y José en una procesión. Algunos niños se visten de pastores y campesinos.

Durante la celebración de las Posadas cada noche todos caminan a la iglesia, o ellos caminan a la casa que visitan para esa noche, cantando y llevando velas. Las canciones hablan de la búsqueda de la Sagrada Familia para hospedaje.

Cuando la procesión llega a la puerta de la iglesia o de la casa, la mitad del grupo entra y cierra la puerta. Ellos representan los hoteleros. Después los que están afuera cantan el rol de María y José pidiendo posada. El grupo adentro que representa los hoteleros cantan: "No tenemos ningún cuarto."

Los dos grupos cantan uno al otro hasta que por fin en la tercera vez el grupo de los hoteleros dice: "Sí, hay lugar y Uds pueden entrar." Abren la puerta ampliamente y todos cantan con alegría. Los que estaban afuera cantando el rol de María y José ya entran para compartir en la celebración con comida y bebidas.

Madrinas para las Posadas en Oaxaca y en Tejas

En Oaxaca, México, para cada noche de las Posadas hay una madrina. Cada noche la madrina reparte dulces, juguetes y silbatos a los niños. En la última noche, el 24 de diciembre, hay una misa. Después de la posada la fiesta empieza, con comida como tamales que son dulces con pasas y canela, y también hay una piñata llena de dulces, frutas y cacahuates para los niños.

Al norte de México, en San Antonio, Tejas, han estado celebrando Posadas por más de cuarenta años. Hay coros caminando por las calles cantando y llevando velas. Al final de las posadas hay una piñata en la forma de una estrella, como la que guiaba la Sagrada Familia cuando ellos buscaban un cuarto.

Adonde sea que celebran las Posadas representa una oportunidad para traer esperanza y alegría a las familias por el mundo, mostrando que siempre habría una manera de encontrar un lugar para todos.

Posadas for Christmas

Origin

How does it feel when you don't have somewhere to stay and are hungry and cold?

This is what happened to the Virgin Mary and Saint Joseph in the past, when they searched for a place to stay in Bethlehem.

The Virgin Mary was about to give birth to the Baby Jesus, but she and Saint Joseph had to travel from Nazareth to Bethlehem.

This was because the Emperor of Rome, Caesar Augustus, passed a law ordering each man to return to where he was born to take part in the census and pay the taxes. So Saint Joseph had to go to Bethlehem to report for the census and pay the taxes to the emperor.

Some say that people began representing the journey of the Holy Family during *las Posadas* long ago in 1538, when the Spanish missionaries came to Mexico. They say that Saint Ignatius of Loyola created *las Posadas* as a way of teaching the life of Jesus to the native peoples of Mexico to convert them into Catholics.

Others say that there were antecedents for the *Posadas* in the form of the celebrations of the Aztec in honor of their god, Hummingbird on the Left, the god of war, that was celebrated in December from the 17th until the 26th during the solstice.

How to Celebrate a Posada

A *posada* is an inn; it is a kind of lodging. During *las Posadas* people play the roles of the Holy Family searching for a place where they can stay. The celebration of *las Posadas* lasts nine nights, from the 16th of December until the 24th of December.

In the past the people carried lanterns during *las Posadas* to represent the star that guided the Holy Family, but now they carry candles. In some places a child is dressed as an angel and leads the procession to show the way.

Usually the procession of pilgrims looking for lodging walks along the streets and then to the church or to the houses of the people taking the role of the owners of the inn. When *las Posadas* are celebrated in the houses, nine families offer their houses for each night of the *Posadas*. For each night there is a family who invites the pilgrims to their house. They invite their relatives, friends and neighbors to come and sing with them.

Some people take the roles of Joseph and Mary, dressed in costumes. Mary is seated on a burro that Joseph leads with a rope. Or people carry statues of Mary and Joseph in a procession. Some children dress as shepherds and farmers.

During the celebration of *las Posadas* each night everyone walks to the church, or they walk to the house they visit for that night, singing and carrying candles. The songs tell of the search of the Holy Family for shelter.

When the procession reaches the door of the church or of the house, one half of the group enters and shuts the door. They represent the innkeepers. Then those who are outside sing the part of Mary and Joseph asking for lodging. The group inside who represent the innkeepers sing: "No, we do not have any room."

The two groups sing one to another until finally on the third time the group of the innkeepers says: "Yes, there is room and you can come in." They open the door wide and everyone sings with joy. Those who were outside singing the part of Mary and Joseph now go in to share in the celebration with food and drinks.

Godmothers for the Posadas in Oaxaca and in Texas

In Oaxaca, Mexico, for each night of the *Posadas* there is a godmother. Each night the godmother gives out candy, toys, and whistles to the children. On the last night, the 24th of December, there is a mass.

After the *Posada* the party begins, with dishes like tamales that are sweet with raisins and cinnamon, and also there is a *piñata* full of candy, fruit and peanuts for the children.

To the north of Mexico, in San Antonio, Texas, they have been celebrating *Posadas* for more than forty years. There are choirs walking through the streets singing and carrying candles. At the end of the *Posadas* there is a piñata in the shape of a star, like the one that guided the Holy Family when they searched for a room.

Wherever they celebrate the *Posadas*, it represents an opportunity to bring hope and joy to families around the world, showing that always there will be a way to find a room for all.

Capítulo 5 / Chapter 5

Día de los Muertos: Cuando los Antepasados Visitan
/ Day of the Dead: When the Ancestors Visit

Introducción
Introduction

En octubre cuando las noches llegan a ser largas y frías,
In October when the nights become long and cold,

el Día de los Muertos se acerca.
the Day of the Dead approaches.

En México la gente anticipa esta fiesta para recordar a sus antepasados
In Mexico people look forward to this holiday to remember their ancestors

y honrarles.
and honor them.

La costumbre de celebrar los muertos tiene un antiguo origen desde antes de los aztecas.
The custom of celebrating the dead has an ancient origin since before the Aztec.

Pero después de la Conquista por los españoles, los misioneros cambiaron las fechas
But after the Conquest by the Spanish, the missionaries changed the dates

de la fiesta de septiembre hasta el principio de noviembre, para que estas
of the festival from September to the beginning of November, so that these

coincidieran con las celebraciones para el Día de Todos Santos,
would coincide with the celebrations for the Day of All Saints,

el primero de noviembre y el Día de las Almas, el dos de noviembre.
the first of November and the Day of All Souls, the second of November.

Los Preparativos
The Preparations

Durante este tiempo del año, en México se puede ver gente de compras
During this time of year, in Mexico you can see people shopping

en el mercado buscando comidas que son especiales y adornos para el altar
at the market looking for foods that are special and decorations for the altar

de la casa en honor a los santos y los ancestros.
of the house in honor of the saints and the ancestors.

En el estado de Oaxaca, en el sur de México, las mujeres van al mercado
In the state of Oaxaca, in the south of Mexico, the women go to the market

para comprar cacao, canela y azúcar para hacer chocolate.
to buy cacao beans, cinnamon and sugar to make chocolate.

Más tarde compran pan, cacahuates, fruta, flores y velas.
Later they buy bread, peanuts, fruit, flowers and candles.

El mercado crece y llega a ser el más grande del año, con cosas como velas
The market grows and becomes the biggest of the year, with things like candles

con adornos y el pan de muerto con pequeñas caras.
with decorations and the "bread of the dead" with small faces.

También en el mercado venden pequeñas figuras de esqueletos de madera o cerámica
Also in the market they sell small figures of skeletons of wood or ceramic

haciendo muchas cosas, como tocando violines y tambores, vendiendo fruta o bañándose.
doing many things, like playing violins and drums, selling fruit or bathing.

Las personas pueden comprar pequeñas calaveras de azúcar adornadas
The people can buy small skulls of sugar decorated

con papel que brilla en rojo, verde, azul y amarillo.
with paper that shines in red, green, blue and yellow.

Se puede pedir que el vendedor escriba el nombre de alguien en la calavera
You can ask that the vendor write the name of someone on the skull

de azúcar como un regalo para la persona.
of sugar as a present for the person.

¿A ti te gustaría tener una calavera de azúcar con tu nombre?
Would you like to have a skull of sugar with your name?

Una de las tradiciones de los aztecas que se mantiene es cortar flores especiales
One of the traditions of the Aztec that is maintained is to cut flowers especially

para el Día de los Muertos, escogidas por su aroma y su color que brilla amarillo como el sol.
for the Day of the Dead, chosen for their aroma and their color that shines yellow like the sun.

Hay varios tipos de flores con el nombre Flor de Muerto.
There are various types of flowers with the name Flower of the Dead.

Un tipo tiene flores que son grandes, del color de oro, y se llama cempoxochitl
One kind has flowers that are big, of the color of gold, and is called *cempoxochitl*

en el lenguaje de los aztecas.
in the language of the Aztec.

Otro tipo tiene pequeñas flores que son amarillas,
Another kind has small flowers that are yellow,

y un tercer tipo tiene pequeñas flores que son moradas.
and a third kind has small flowers that are purple.

También se usan flores que son como terciopelo rojo, llamadas Cresta de Gallo o Borla.
Also they use flowers that are like velvet red, called Comb of the Rooster (Cock's Comb)

Ponen las flores en los altares de las casas en honor a los fieles difuntos.
They place the flowers on the altars of the houses in honor of the faithful departed.

Todos trabajan para preparar la casa— los hombres barriendo el patio
Everyone works to prepare the house— the men sweeping the patio

y matando los guajolotes para comer en mole y
and killing the turkeys to eat in *mole* and

las mujeres cocinando los guajolotes y preparando el mole.
the women cooking the turkeys and preparing the *mole*.

Después las mujeres hacen tamales de maíz rellenos con pavo y mole.
Later the women make *tamales* of corn filled with turkey and *mole*.

En las casas las mujeres adornan el altar para Jesús, la Virgen de Guadalupe y los santos.
In the houses the women decorate the altar for Jesus, the Virgin of Guadalupe and the saints.

Primero, las mujeres ponen la Flor de Muerto en el altar.
First, the women put the Flower of the Dead on the altar.

Luego ponen floreros llenos de gladiolas, con velas y un copalero
Then they put flower vases full of gladiolas, with candles and an incense burner

para el incienso de copal.
for the incense of *copal*.

Este árbol era sagrado y medicinal para los aztecas.
This tree was sacred and medicinal for the Aztec.

Las mujeres añaden cacahuates, nueces, naranjas y manzanas al altar.
The women add peanuts, walnuts, oranges, and apples to the altar.

Luego ponen el pan, chocolate y atole, servido con espuma de chocolate encima.
Then they put the bread, chocolate and *atole*, served with foam of chocolate on top.

Al final añaden platos con mole o tamales con una taza de chocolate y un vaso
Finally they add plates with *mole* or *tamale*s with a cup of chocolate and a glass

de agua para beber.
of water to drink.

Los hombres contribuyen con botellas de mezcal u otros licores y cigarros.
The men contribute with bottles of mescal or other liquor and cigarettes.

Dicen que el aroma de la comida sube al cielo y es comida para los muertos
They say that the aroma from the food goes up to heaven and is food for the dead

en su viaje cuando ellos visitan a los vivos en la tierra.
on their journey when they visit the living on the earth.

Si la familia tiene una foto de sus parientes ponen la foto en el altar.
If the family has a photo of their relatives they put the photo on the altar.

Cada altar es diferente, adornado según las tradiciones de la familia
Each altar is different, decorated according to the traditions of the family

y los gustos del pariente que falleció.
and the preferences of the relative who died.

La familia pone las cosas que a los muertos les gustaban cuando estaban vivos.
The family puts the things that the dead liked when they were alive.

Para los niños que han muerto hay juguetes, sonajas y mamilas.
For the children who have died there are toys, rattles and baby bottles.

Todo esto se llama "la ofrenda" para los muertos.
All this is called "the offering" for the dead.

A las mujeres les da orgullo ver como sus diseños para el altar de la casa quedaron,
For the women it gives them pride to see how their designs for the altar of the house turned out,

porque cada mujer demuestra su habilidad en su manera de arreglar la ofrenda en el altar.
because each woman shows her skill in her way of arranging the offering on the altar.

La gente goza visitar las casas de otros para honrar a los muertos y para ver
People enjoy visiting the homes of others to honor the dead and to see

la variedad de los adornos en los altares.
the variety of the decorations on the altars.

Los altares son muy hermosos con los vibrantes colores y la luz de las velas.
The altars are very beautiful with the vibrant colors and the light of the candles.

Recibiendo las Visitas
Receiving the Visitors

En México mucha gente cree que las almas de los muertos regresan para visitar
In Mexico many people believe that the souls of the dead return to visit

a sus parientes durante el Día de los Muertos, que es el primero de noviembre.
their relatives during the Day of the Dead, which is the first of November.

Esto incluye los aztecas, nahuas, otomíes, purépechas o tarascos y los zapotecas.
This includes the Aztec, Nahua, Otomi, Purepecha or Tarascans and the Zapotec.

Ellos creen que las almas de los difuntos llegan a este mundo por medio
They believe that the spirits of the dead arrive into this world through

del panteón y después van a la iglesia, y luego las almas visitan las casas en donde vivían.
the cemetery and later go to the church, and then the spirits visit the houses where they lived.

La gente dice que la fragrancia de las flores y la luz
The people say that the fragrance of the flowers and the light

de las velas guían los muertos en el camino hacia las casas en donde vivieron.
of the candles guide the dead on the path to the houses where they lived.

Las almas de los niños llegan primero, en el treintiuno de octubre,
The spirits of the children arrive first, on the thirty-first of October,

porque son angelitos.
because they are little angels.

Anuncian la llegada de los angelitos al tocar las campanas de la iglesia rápidamente.
They announce the arrival of the little angels by ringing the bells of the church quickly.

El día siguiente, el primero de noviembre, las almas de los adultos (o difuntos)
The day after, the first of November, the spirits of the adults (or senior dead)

llegan a visitar.
arrive to visit.

Un hombre toca las campanas otra vez, pero lentamente.
A man rings the bells another time, but slowly.

La gente está contenta porque sus difuntos vienen a visitar un rato,
People are pleased because their dead come to visit a while,

gozando el altar de la casa, tan bonito con flores, velas, comida y bebidas.
enjoying the altar of the house, so pretty with flowers, candles, food and drink.

La gente está alegre también porque sus parientes quienes están vivos vienen
People are happy also because their relatives who are living come

de todas partes para visitar.
from everywhere to visit.

Es una manera de conectarse con los antepasados, su tierra natal y su cultura.
It is a way of connecting with the ancestors, your place of birth and your culture.

Uno visita las casas de los padrinos, abuelos y padres.
You visit the houses of your godparents, grandparents, and parents.

Se llevan regalos de flores, velas, comida y bebidas
You take gifts of flowers, candles, food and drink

para honrar a todos los parientes, vivos y muertos.
to honor all the relatives, living and dead.

Las visitas presentan sus ofrendas, poniéndolas en el altar y luego se sientan en la mesa.
The visitors present their offerings, putting them on the altar and then sit down at the table.

Les dan pan con chocolate y atole para tomar y en la tarde mole con tortillas.
They are given bread with chocolate and *atole* to drink and in the afternoon *mole* with tortillas.

Lo importante es acompañar a los muertos.
The important thing is to accompany the dead.

Así ven que ellos no han sido olvidados
That way they see that they have not been forgotten

y que uno agradece todo lo que hicieron en la vida por la familia.
and that one appreciates all that they have done in life for the family.

Su visita también demuestra a los vivos que agradecemos todos los esfuerzos
Your visit also shows the living that we appreciate all their efforts

en adornar los altares y preparar deliciosas comidas.
to decorate the altars and prepare delicious meals.

Despidiéndose en el Panteón
Saying Goodbye in the Cemetery

Con tantas visitas, el Día de los Muertos es alegre pero también triste, porque
With all the visiting, the Day of the Dead is happy but also sad, because

después de unos días los muertos regresan al otro mundo.
after a few days the dead return to the other world.

En la noche del dos de noviembre, las familias van al panteón
On the night of the second of November, the families go to the cemetery

para despedirse de los muertos
to say goodbye to the dead

hasta el próximo año.
until the next year.

Durante el día las familias llevan flores como gladiolas al panteón y limpian las sepulturas
During the day the families take flowers like gladiolas to the cemetery and clear the gravesites

de hierbas.
of weeds.

Cuando la noche llega, el panteón se ve bonito con muchas flores y velas
When the night arrives, the cemetery looks pretty with many flowers and candles

en las sepulturas para alumbrar el camino de los muertos cuando se van.
on the graves to light the path of the dead when they leave.

Todos los familiares van al panteón para despedirse de los muertos hasta el próximo año.
All the families go to the cemetary to say goodbye to the dead until the next year.

Las familias se sientan cerca de las sepulturas de sus muertos,
The families sit close to the graves of their dead,

escuchando la triste música que la banda del pueblo toca
listening to the sad music that the band of the village plays

y contando historias de sus difuntos.
and telling stories about their dead.

La gente pone tamales, frutas, pan y bebidas encima de las sepulturas para los muertos.
The people place *tamales*, fruit, bread and drinks on top of the graves for the dead.

Dicen que los muertos gozan el olor de la comida.
They say that the dead enjoy the smell of the food.

En cada sepultura los músicos tocan una triste pieza de música y después la familia
At each grave the musicians play a sad piece of music and then the family

expresa su agradecimiento.
expresses their appreciation.

Regalan la comida y las bebidas a los músicos.
They give the food and the drinks to the musicians.

Una de las piezas que tocan es muy popular y bella — se llama "Dios Nunca Muere."
One of the pieces that they play is very popular and beautiful — it is called "God Never Dies."

Al final los músicos tocan una última pieza de música y todos regresan a casa,
At the end the musicians play a last piece of music and everyone goes home,

contentos de que cumplieron sus obligaciones de honrar a los muertos.
content that they fulfilled their obligations to honor the dead.

Una Variedad de Costumbres
A Variety of Customs

Por todo México se encuentra diferentes costumbres para el Dia de los Muertos.
Throughout Mexico there are different customs for the Day of the Dead.

En algunos lugares la gente deja una taza de agua y una toalla
In some places the people leave a cup of water and a towel

para que los muertos se puedan bañar.
so that the dead can bathe.

En otros lugares ponen almohadas y cobijas para ayudar a los muertos a descansar.
In other places they put pillows and blankets to help the dead to rest.

Se celebra el Día de los Muertos en otros países también—
They celebrate the Day of the Dead in other countries too—

como Brasil, las Filipinas y los Estados Unidos.
like Brazil, the Philippines and the United States.

En los Estados Unidos ahora se reconoce la costumbre en escuelas y museos.
In the United States now they recognize the custom in schools and museums.

Hacen altares y tienen exhibiciones.
They make altars and have exhibits.

En el Museo de Oakland en California, hubo una exhibición en 2006 titulada:
At the Oakland Museum in California, there was an exhibit in 2006 entitled:

"Huesos Riendo / Corazones Llorando" para celebrar el Día de los Muertos.
"Bones Laughing / Hearts Weeping" to celebrate the Day of the Dead.

Fue una oportunidad para aprender sobre la tradición y pensar en los muertos queridos.
It was an opportunity to learn about the tradition and think of the dead loved ones.

Uno de los grupos que hizo un altar fue Xochipilli.
One of the groups that made an altar was Xochipilli.

Este grupo de hombres dedicaron un altar a los americanos y los irakíes que fallecieron
This group of men dedicated an altar to the Americans and the Iraqis who died

en la guerra.
in the war.

El organizador, Guillermo Ortíz, dijo que al ver el altar la gente lloraba,
The organizer, Guillermo Ortiz, said that when they saw the altar the people cried,

pero la exhibición fue muy apreciada. (Vigil 2006)
but the exhibit was greatly appreciated. (Vigil 2006)

Tradiciones Sobreviviendo
Traditions Surviving

El Día de los Muertos es una tradición de importancia
The Day of the Dead is a tradition of importance

que puede sobrevivir durante cientos de años y viajar por largas distancias
that can survive during hundreds of years and travel over long distances

porque toca nuestros corazones.
because it touches our hearts.

Por medio de la tradición de altares podemos expresar más que en palabras.
Through the tradition of altars we can express more than in words.

Nos recuerda que todos vamos a morir algún día y podemos hablar de esto
This reminds us that we all are going to die some day and we can talk about this

con los demás.
with others.

Podemos aprender a no tener   tanto miedo de expresar nuestros sentimientos.
We can   learn   to not have so much fear   to express   our   feelings.

En el Día de los Muertos podemos llorar y reír para   afirmar que los lazos con nuestros
On the Day of the Dead   we can   cry and laugh to   affirm   that the ties   with   our

parientes y amigos durarán   después de la muerte.
relatives and friends will endure   after   death.

No importa   si uno cree   que los difuntos vuelven para visitar.
It does not matter if you believe that the dead   return   to visit.

Lo que importa es que mantengamos vivo su recuerdo
What matters   is that we keep   alive their memory

al mostrarles   respeto y contar   sus   historias.
by showing them respect and telling their stories.

Cuando contamos estas historias podemos reír o llorar y aprender de ellos.
When we tell   these   stories   we can   laugh or cry and learn   from them.

De esta manera los difuntos siguen vivos en nuestros corazones.
In this   way   the dead continue   alive   in our   hearts.

Día de los Muertos: Cuando los Antepasados Visitan

Introducción

En octubre cuando las noches llegan a ser largas y frías, el Día de los Muertos se acerca. En México la gente anticipa esta fiesta para recordar a sus antepasados y honrarles.

La costumbre de celebrar los muertos tiene un antiguo origen desde antes de los aztecas. Pero después de la Conquista por los españoles, los misioneros cambiaron las fechas de la fiesta de septiembre hasta el principio de noviembre, para que estas coincidieran con las celebraciones para el Día de Todos Santos, el primero de noviembre y el Día de las Almas, el dos de noviembre.

Los Preparativos

Durante este tiempo del año, en México se puede ver gente de compras en el mercado buscando comidas que son especiales y adornos para el altar de la casa en honor a los santos y los ancestros.

En el estado de Oaxaca, en el sur de México, las mujeres van al mercado para comprar cacao, canela y azúcar para hacer chocolate. Más tarde compran pan, cacahuates, fruta, flores y velas. El mercado crece y llega a ser el más grande del año, con cosas como velas con adornos y el pan de muerto con pequeñas caras.

También en el mercado venden pequeñas figuras de esqueletos de madera o cerámica haciendo muchas cosas, como tocando violines y tambores, vendiendo fruta o bañándose.

Las personas pueden comprar pequeñas calaveras de azúcar adornadas con papel que brilla en rojo, verde, azul y amarillo. Se puede pedir que el vendedor escriba el nombre de alguien en la calavera de azúcar como un regalo para la persona. ¿A ti te gustaría tener una calavera de azúcar con tu nombre?

Una de las tradiciones de los aztecas que se mantiene es cortar flores especiales para el Día de los Muertos, escogidas por su aroma y su color que brilla amarillo como el sol.

Hay varios tipos de flores con el nombre Flor de Muerto. Un tipo tiene flores que son grandes, del color de oro, y se llama *cempoxochitl* en el lenguaje de los aztecas. Otro tipo tiene pequeñas flores que son amarillas y un tercer tipo tiene pequeñas flores que son moradas. También se usan flores que son como terciopelo rojo, llamadas Cresta de Gallo o Borla. Ponen las flores en los altares de las casas en honor a los fieles difuntos.

Todos trabajan para preparar la casa—los hombres barriendo el patio y matando guajolotes para comer en mole y las mujeres cocinando los guajolotes y preparando el mole. Después las mujeres hacen tamales de maíz rellenos con pavo y mole.

En las casas las mujeres adornan el altar para Jesús, la Virgen de Guadalupe y los santos. Primero, las mujeres ponen la Flor de Muerto en el altar. Luego ponen floreros llenos de gladiolas, con velas y un copalero para el incienso de copal. Este árbol era sagrado y medicinal para los aztecas.

Las mujeres añaden cacahuates, nueces, naranjas y manzanas al altar. Luego ponen el pan, chocolate y atole, servido con espuma de chocolate encima. Al final añaden platos con mole o tamales con una taza de chocolate y un vaso de agua para beber. Los hombres contribuyen con botellas de mezcal u otros licores y cigarros.

Dicen que el aroma de la comida sube al cielo y es comida para los muertos en su viaje cuando ellos visitan a los vivos en la tierra. Si la familia tiene una foto de sus parientes ponen la foto en el altar.

Cada altar es diferente, adornado según las tradiciones de la familia y los gustos del pariente que falleció.

La familia pone las cosas que a los muertos les gustaban cuando estaban vivos. Para los niños que han muerto hay juguetes, sonajas y mamilas. Todo esto se llama "la ofrenda" para los muertos.

A las mujeres les da orgullo ver como sus diseños para el altar de la casa quedaron, porque cada mujer demuestra su habilidad en su manera de arreglar la ofrenda en el altar.

La gente goza visitar las casas de otros para honrar a los muertos y para ver la variedad de los adornos en los altares. Los altares son muy hermosos con los vibrantes colores y la luz de las velas.

Recibiendo las Visitas

En México mucha gente cree que las almas de los muertos regresan para visitar a sus parientes durante el Día de los Muertos, que es el primero de noviembre. Esto incluye los aztecas, nahuas, otomíes, purépechas o tarascos y los zapotecas.

Ellos creen que las almas de los difuntos llegan a este mundo por medio del panteón y después van a la iglesia, y luego las almas visitan las casas en donde vivían.

La gente dice que la fragrancia de las flores y la luz de las velas guían los muertos en el camino hacia la casa en donde vivieron.

Las almas de los niños llegan primero, en el treintiuno de octubre, porque son angelitos. Anuncian la llegada de los angelitos al tocar las campanas de la iglesia rápidamente. El día siguiente, el primero de noviembre, las almas de los adultos (o difuntos) llegan a visitar.

Un hombre toca las campanas otra vez, pero lentamente.

La gente está contenta porque sus difuntos vienen a visitar un rato, gozando el altar de la casa, tan bonito con flores, velas, comida y bebidas. La gente está alegre también porque sus parientes quienes están vivos vienen de todas partes para visitar. Es una manera de conectarse con los antepasados, su tierra natal y su cultura.

Uno visita las casas de los padrinos, abuelos y padres. Se llevan regalos de flores, velas, comida y bebidas para honrar a todos los parientes, vivos y muertos. Las visitas presentan sus ofrendas, poniéndolas en el altar y luego se sientan en la mesa. Les dan pan con chocolate y atole para tomar y en la tarde mole con tortillas.

Lo importante es acompañar a los muertos. Así ven que ellos no han sido olvidados y que uno agradece todo lo que hicieron en la vida por la familia. Su visita también demuestra a los vivos que agradecemos todos los esfuerzos en adornar los altares y preparar deliciosas comidas.

Despidiéndose en el Panteón

Con tantas visitas, el Día de los Muertos es alegre pero también triste, porque después de unos días los muertos regresan al otro mundo.

En la noche del dos de noviembre, las familias van al panteón para despedirse de los muertos hasta el próximo año. Durante el día las familias llevan flores como gladiolas al panteón y limpian las sepulturas de hierbas.

Cuando la noche llega, el panteón se ve bonito con muchas flores y velas en las sepulturas para alumbrar el camino de los muertos cuando se van. Todos las familias van al panteón para despedirse de los muertos hasta el próximo año.

Las familias se sientan cerca de las sepulturas de sus muertos, escuchando la triste música que la banda del pueblo toca y contando historias de sus difuntos. La gente pone tamales, fruta, pan y bebidas encima de las sepulturas para los muertos. Dicen que los muertos gozan el olor de la comida.

En cada sepultura los músicos tocan una triste pieza de música y después la familia expresa su agradecimiento. Regalan la comida y las bebidas a los músicos. Una de las piezas que tocan es muy popular y bella—se llama "Dios Nunca Muere." Al final los músicos tocan una última pieza de música y todos regresan a casa, contentos de que cumplieron sus obligaciones de honrar a los muertos.

Una Variedad de Costumbres

Por todo México se encuentran diferentes costumbres para el Dia de los Muertos. En algunos lugares la gente deja una taza de agua y una toalla para que los muertos se puedan bañar. En otros lugares ponen almohadas y cobijas para ayudar a los muertos a descansar.

Se celebra el Día de los Muertos en otros países también—como Brasil, las Filipinas y los Estados Unidos. En los Estados Unidos ahora se reconoce la costumbre en escuelas y museos. Hacen altares y tienen exhibiciones.

En el Oakland Museum en California, hubo una exhibición en 2006 titulada: "Huesos Riendo / Corazones Llorando" para celebrar el Dia de los Muertos. Fue una oportunidad para aprender sobre la tradición y pensar en los muertos queridos. Uno de los grupos que hizo un altar fue Xochipilli. Este grupo de hombres dedicaron un altar a los americanos y los irakíes que fallecieron en la guerra. El organizador, Guillermo Ortíz, dijo que al ver el altar la gente lloraba, pero la exhibición fue muy apreciada (Vigil 2006).

Tradiciones Sobreviviendo

El Día de los Muertos es una tradición de importancia que puede sobrevivir durante cientos de años y viajar por largas distancias porque toca nuestros corazones. Por medio de la tradición de altares podemos expresar más que en palabras. Nos recuerda que todos vamos a morir algún día y podemos hablar de esto con los demás. Podemos aprender a no tener tanto miedo de expresar nuestros sentimientos. En el Día de los Muertos podemos llorar y reir para afirmar que los lazos con nuestros parientes y amigos durarán después de la muerte.

No importa si uno cree que los difuntos vuelven para visitar. Lo que importa es que mantengamos vivo su recuerdo al mostrarles respeto y contar sus historias. Cuando contamos estas historias, podemos reír o llorar y aprender de ellos. De esta manera los difuntos siguen vivos en nuestros corazones.

Day of the Dead: When the Ancestors Visit

Introduction

In October when the nights become long and cold, the Day of the Dead approaches. In Mexico people look forward to this holiday to remember their ancestors and honor them. The custom of celebrating the dead has an ancient origin since before the Aztecs.

But after the Conquest by the Spanish, the missionaries changed the dates of the festival from September to the beginning of November, so that these would coincide with the celebrations for the day of All Saints, the first of November, and the day of All Souls, the second of November.

The Preparations

During this time of year, in Mexico you can see people shopping at the market looking for foods that are special and decorations for the altar of the house in honor of the saints and the ancestors.

In the state of Oaxaca, in the south of Mexico, the women go to the market to buy cacao beans, cinnamon and sugar to make chocolate. Later they buy bread, peanuts, fruit, flowers and candles. The market grows and becomes the biggest of the year, with things like candles with decorations and the "bread of the dead" with small faces.

Also in the market they sell small figures of skeletons of wood or ceramic doing many things, like playing violins and drums, selling fruit or bathing. The people can buy small skulls of sugar decorated with paper that shines in red, green, blue and yellow. You can ask that the vendor write the name of someone on the skull of sugar as a present for the person. Would you like to have a skull of sugar with your name?

One of the traditions of the Aztec that is maintained is to cut flowers especially for the Day of the Dead, chosen for their aroma and their color that shines yellow like the sun. There are various types of flowers with the name Flower of the Dead. One kind has flowers that are big, of the color of gold, and is called *cempoxochitl*, in the language of the Aztec.

Another kind has small flowers that are yellow, and a third kind has small flowers that are purple. They also use flowers that are like velvet red, called Comb of the Rooster (Cock's Comb) or *borla*. They place the flowers on the altars of the houses in honor of the faithful departed.

Everyone works to prepare the house—the men sweeping the patio and killing the turkeys to eat in *mole* and the women cooking the turkeys and preparing the *mole*. Later the women make *tamales* of corn filled with turkey and *mole*.

In the houses the women decorate the altar for Jesus, the Virgin of Guadalupe and the saints. First, the women put the Flower of the Dead on the altar. Then they put flower vases full of gladiolas, with candles and an incense burner for the incense of *copal*. This tree was sacred and medicinal for the Aztec.

The women add peanuts, walnuts, oranges and apples to the altar. Then they put the bread, chocolate and *atole,* served with foam of chocolate on top. Finally they add plates with *mole* or *tamales* with a cup of chocolate and a glass of water to drink. The men contribute with bottles of mescal or other liquor and cigarettes.

They say that the aroma from the food goes up to heaven and is food for the dead on their journey when they visit the living on the earth. If the family has a photo of their relatives they put the photo on the altar.

Each altar is different, decorated according to the traditions of the family and the preferences of the relative who died. The family puts the things that the dead liked when they were alive. For the children who have died there are toys, rattles and baby bottles.

All this is called "the offering" for the dead. For the women it gives them pride to see how their designs for the altar of the house turned out, because each woman shows her skill in her way of arranging the offering on the altar.

People enjoy visiting the homes of others to honor the dead and to see the variety of decorations on the altars. The altars are very beautiful with the vibrant colors and the light of the candles.

Receiving the Visitors

In Mexico many people believe that the souls of the dead return to visit their relatives during the Day of the Dead, which is the first of November. This includes the Aztec, Nahua, Otomí, Purépecha or Tarascans and the Zapotec.

They believe that the spirits of the dead arrive into this world through the cemetery and later go to the church, and then the spirits visit the houses where they lived. The people say that the fragrance of the flowers and the light of the candles guide the dead on the path to the houses where they lived.

The spirits of the children arrive first, on the thirty-first of October, because they are little angels.

They announce the arrival of the little angels by ringing the bells of the church quickly. The day after, the first of November, the spirits of the adults (or senior dead) arrive to visit. A man rings the bells another time, but slowly.

People are pleased because their dead come to visit a while, enjoying the altar of the house, so pretty with flowers, candles, food and drink. People are happy also because their relatives who are living come from everywhere to visit. It is a way of connecting with the ancestors, your place of birth and your culture.

You visit the houses of your godparents, grandparents, and parents. You take gifts of flowers, candles, food and drink to honor all the relatives, living and dead. The visitors present their offerings, putting them on the altar, and then sit down at the table. They are given bread with chocolate to drink and then *mole* with tortillas and *atole*.

The important thing is to accompany the dead. That way they see that they have not been forgotten and that one appreciates all that they have done in life for the family. Your visit also shows the living that we appreciate all their efforts to decorate the altars and prepare delicious meals.

Saying Goodbye in the Cemetery

With all the visiting, the Day of the Dead is happy but also sad, because after a few days the dead return to the other world. On the night of the second of November, the families go to the cemetary to say goodbye to the dead until the next year.

During the day the families take flowers like gladiolas to the cemetery and clear the gravesites of weeds. When the night arrives the cemetery looks pretty with many flowers and candles on the graves to light the path of the dead when they leave. All the families go to the cemetery to say goodbye to the dead until the next year.

The families sit close to the graves of their dead, listening to the sad music that the band of the village plays and telling stories about their dead. The people place *tamales*, fruit, bread and drinks on top of the graves for the dead. They say that the dead enjoy the smell of the food.

At each grave the musicians play a sad piece of music and then the family expresses their appreciation. They give the food and drinks to the musicians. One of the pieces that they play is very popular and beautiful—it is called "God Never Dies." At the end the musicians play a last piece of music and everyone goes home, content that they fulfilled their obligations to honor the dead.

A Variety of Customs

Throughout Mexico there are different customs for the Day of the Dead. In some places the people leave a cup of water and a towel so that the dead can bathe. In other places they put pillows and blankets to help the dead to rest.

They celebrate the Day of the Dead in other countries too—like Brazil, the Philippines and the United States. In the United States, now they recognize the custom in schools and museums. They make altars and have exhibits.

At the Oakland Museum in California, there was an exhibit in 2006 entitled: "Bones Laughing / Hearts Weeping" to celebrate the Day of the Dead. It was an opportunity to learn about the tradition and think of the dead loved ones.

One of the groups that made an altar was Xochipilli. This group of men dedicated an altar to the Americans and the Iraqis who died in the war. The organizer, Guillermo Ortiz, said that when they saw the altar the people cried, but the exhibit was greatly appreciated (Vigil 2006).

Traditions Surviving

The Day of the Dead is a tradition of importance that can survive during hundreds of years and travel over long distances because it touches our hearts. Through the tradition of altars we can express more than in words.

This reminds us that we all are going to die some day and we can talk about this with others. We can learn to not have so much fear to express our feelings. On the Day of the Dead we can cry and laugh to affirm that the ties with our relatives and friends will endure after death.

It does not matter if you believe that the dead return to visit. What matters is that we keep alive their memory by showing them respect and telling their stories. When we tell these stories, we can laugh or cry and learn from them. In this way the dead continue alive in our hearts.

Capítulo 6 / Chapter 6

Los Padrinos Nos Protegen /
The Godparents Protect Us

Introducción
Introduction

Cada niño y niña que llega al mundo necesita toda la ayuda posible,
Each boy and girl that arrives into the world needs all the help possible,

y por esta razón los niños tienen "padres espirituales" o padrinos y madrinas.
and for this reason the children have "spiritual parents" or godfathers and godmothers.

Desde Alaska hasta los Andes, la gente de muchas religiones escoge
From Alaska to the Andes, the people of many religions choose

padrinos y madrinas para guiar, enseñar y proteger a los
godfathers and godmothers to guide, teach and protect the

niños durante cada etapa de la vida.
children during each stage of life.

Estas ceremonias reconocen los cambios en la persona que está creciendo.
These ceremonies recognize the changes in the person that is growing up.

El Origen de las Ceremonias
The Origin of the Ceremonies

Mucha gente cree que la costumbre de tener padrinos fue traída a
Many people believe that the custom of having godparents was brought to

Latinoamérica por los españoles cuando los misioneros llegaron
Latin America by the Spanish when the missionaries arrived

y empezaron a bautizar la gente.
and began to baptize the people.

Pero había padrinos y madrinas para varias ceremonias mucho antes
But there were godfathers and godmothers for various ceremonies long before

de la llegada de los españoles.
the arrival of the Spanish.

En México los aztecas tenían una ceremonia como bautizo en donde la partera
In Mexico the Aztec had a ceremony like baptism in which the midwife

regaba agua sobre el bebé y rezaba a la diosa Chalchiutlicue para lavar
poured water over the baby and prayed to the goddess *Chalchiutlicue* to wash

y limpiar el bebé de todo pecado o maldad.
and cleanse the baby of all sin or evil.

En Sur América entre los incas, habían padrinos y madrinas para
In South America among the Inca, there were godfathers and godmothers for

la primera vez que cortaban el cabello y las uñas de un bebé,
the first time they cut the hair and the fingernails of a baby,

y cuando las orejas de una niña eran picadas y ella recibía sus primeros aretes.
and when the ears of a girl were pierced and she received her first earrings.

En algunas comunidades de Bolivia, Colombia, Perú y las Filipinas,
In some communities of Bolivia, Colombia, Peru, and the Philippines,

celebran estas ceremonias todavía, como el primer corte de cabello.
they celebrate these ceremonies still, like the first haircut.

En Bolivia y Perú esta ceremonia se llama la *rutucha*.
In Bolivia and Peru this ceremony is called the *rutucha*.

Un Bautizo en Oaxaca, México

A Baptism in Oaxaca, Mexico

En México un nuevo bebé recibe la bienvenida al mundo de todos los parientes.
In Mexico a new baby receives a welcome into the world from all the relatives.

Los padres escogen padrinos para bautizar el bebé en la Iglesia Católica.
The parents choose godparents to baptize the baby in the Catholic Church.

Los padrinos compran ropa para el bebé y la madrina viste al bebé
The godparents buy clothing for the baby and the godmother dresses the baby

todo de blanco, simbolizando pureza.
all in white, symbolizing purity.

La madrina lleva al bebé a la iglesia y carga al bebé durante la ceremonia.
The godmother carries the baby to the church and holds the baby during the ceremony.

El padrino lleva una vela y prende la vela durante la ceremonia.
The godfather carries a candle and lights the candle during the ceremony.

Con el humo del incienso de copal, la iglesia huele hermoso como pino.
With the smoke from the incense of *copal*, the church smells lovely like pine.

El sacerdote bautiza con agua y aceite como signos de la nueva vida.
The priest baptizes with water and oil as signs of a new life.

Muchas veces el bebé se queda quieto, observando, y a veces sonríe.
Many times the baby stays quiet, observing, and sometimes smiles.

En otras ocasiones el bebé llora porque se asusta cuando el agua cae en su cabeza.
At other times the baby cries because it is frightened when the water falls on its head.

Entonces la familia sonríe al oír que el bebé tiene buenos pulmones.
Then the family smiles at hearing that the baby has good lungs.

Después de la ceremonia, un hombre prende cohetes en el patio de la iglesia para
After the ceremony, a man lights firecrackers in the patio of the church to

anunciar el fin de la ceremonia, y todos regresan a la casa de los padres
announce the end of the ceremony, and everyone returns to the house of the parents

para la fiesta que ellos organizaron.
for the fiesta that they organized.

El padre y la madre del bebé agradecen al padrino y la madrina
The father and the mother of the baby thank the godfather and the godmother

con floridos discursos y regalos.
with flowery speeches and presents.

Luego, todos se sientan a gozar deliciosas comidas como higadito y mole,
Then, everyone sits down to enjoy delicious foods like *higadito* and *mole*,

mientras la banda toca alegre música para bailar.
while the band plays happy music for dancing.

En este momento ellos celebran la llegada del bebé con alegría y esperanza,
At this moment they celebrate the arrival of the baby with joy and hope,

anunciando el bautizo a toda la comunidad.
announcing the baptism to all the community.

Derechos y Deberes de las Ceremonias
Rights and Responsibilities of the Ceremonies

Los padrinos prometen cuidar y proteger a su ahijada o ahijado,
The godparents promise to look after and protect their goddaughter or godson,

incluyendo curar al bebé y ayudar la familia cuando hay dificultades.
including to heal the baby and to help the family when there are difficulties.

También los padrinos ayudan al niño o la niña con clases en la fe
Also the godparents help the boy or girl with classes in the faith

y además   ellos pueden ofrecer ayudar con los gastos de la escuela.
and additionally they may   offer to help   with the cost   of school.

Los padrinos pueden   pagar por los libros y los uniformes o el costo del transporte
The godparents may   pay   for the books and the uniforms   or the cost of transportation

para que los ahijados asisten   a una escuela lejos de   la comunidad.
so that the godchildren can attend   a school   far from the community.

Son como   los segundos padres.
They are like the second parents.

Elegir padrinos   es algo   muy serio.   Los padres pueden pedir
Choosing godparents is something very serious. The parents may   ask

a sus amigos o pueden pedir a sus parientes, para reforzar los lazos de parentesco.
their friends   or they may ask   their relatives,   to reinforce the ties   of kinship.

Algunos dicen que uno tiene que tener cuidado al escoger padrinos,
Some   say   that you have   to take   care   in choosing godparents,

porque el carácter de los padrinos   puede influir en el ahijado o la ahijada.
because the character of the godparents may influence the godson or the goddaughter.

En Oaxaca los zapotecas dicen que cuando uno muere
In Oaxaca the Zapotec   say   that   when you   die

los ahijados   abren las puertas del cielo para que puedas entrar.
the godchildren open   the gates   of heaven so that   you can enter.

En agradecimiento los padres y sus   hijos deberían siempre mostrar respeto
In gratitude   the parents and their children should   always   show respect

a los padrinos, darles regalos y visitarles en ciertas fechas,
to the godparents, give them presents and visit them on certain dates,

como el Día de los Muertos.
like the Day of the Dead.

Hay madrinas y padrinos para muchas ocasiones, incluyendo primera comunión,
There are godmothers and godfathers for many occasions, including First Communion,

confirmación y casamiento.
Confirmation and marriage.

Para la primera comunión, confirmación y graduaciones hay una madrina
For First Communion, Confirmation and graduations there is a godmother

para una niña y un padrino para un niño.
for a girl and a godfather for a boy.

Para una boda hay siempre una madrina y un padrino.
For a wedding there is always a godmother and a godfather.

Ellos dan a la novia y el novio consejos y aliento,
They give the bride and the groom advice and encouragement,

y ayudan cuando hay problemas.
and help out when there are problems.

Hay también padrinos para otras ceremonias como graduación de la escuela.
There are also godparents for other ceremonies like graduation from school.

Hay madrinas y padrinos para el rosario, la cruz para una casa,
There are godmothers and godfathers for the rosary, the cross for a house,

el quince años   de una muchacha, los jaripeos y   las Posadas en la Navidad.
the fifteenth birthday of a   girl,   the rodeos   and the *Posadas* at Christmas.

Hetzmek en Yucatán
Hetzmek in Yucatan

Entre los mayas en Yucatán, México y   en Guatemala,
Among the Maya in Yucatan, Mexico and in Guatemala,

cuando un bebé llega a tres o cuatro meses de edad hay una ceremonia
when   a baby   reaches three or four months of age there is a ceremony

que se llama *hetzmek*.
that is called *hetzmek*.

En esta ceremonia se presenta el bebé a la comunidad   y se da una bienvenida al bebé.
In this ceremony they present the baby to the community and they give a welcome to the baby.

En la ceremonia le dan   al bebé las herramientas necesarias para vivir.
In the ceremony they give the baby the tools   necessary   for   life.

Las niñas pueden recibir tijeras para coser y
The girls   may receive scissors for sewing and

los niños pueden recibir una coa o un machete para trabajar en la milpa.
the boys   may   receive   a hoe or a *machete* for working   in the cornfield.

Además las niñas y   los niños pueden recibir libros y lápices
Also   the girls and the boys   may receive   books and pencils

que representan sus estudios en el futuro.
that represent their studies in the future.

En la ceremonia de *hetzmek* la madrina lleva a su ahijada o ahijado
In the ceremony of *hetzmek* the godmother carries her goddaughter or godson

por la cadera y camina nueve veces alrededor de una mesa con las herramientas.
on her hip and walks nine times around a table with the tools.

El padrino hace lo mismo.
The godfather does the same.

Luego ellos explican al bebé el uso de cada herramienta.
Then they explain to the baby the use of each tool.

En la mesa hay una cruz, maíz, semillas de calabaza y un huevo.
On the table there are a cross, corn, seeds of squash and an egg.

Cada uno es un símbolo de lo que la familia espera para el bebé—
Each one is a symbol of what the family hopes for the baby—

crecer con buenos pensamientos, energía y sabiduría.
to grow up with good thoughts, energy and wisdom.

Las Ceremonias del Futuro

The Ceremonies of the Future

Algunas personas dicen que la costumbre de buscar padrinos para los niños
Some people say that the custom of seeking godparents for the children

va desapareciendo en las ciudades,
is disappearing in the cities,

pero sigue teniendo importancia, aun para migrantes en un nuevo país.
but it continues to have importance, even for migrants in a new country.

Los padrinos ayudan a mantener vivas las tradiciones de los antepasados.
The godparents help to keep alive the traditions of the ancestors.

Es también una manera de honrar a tus parientes y amigos
It is also a way to honor your relatives and friends

en una relación de confianza.
in a relationship of trust.

Al mismo tiempo, la madrina y el padrino apoyan a sus ahijados con una
At the same time, the godmother and the godfather support their godchildren with a

amplia red de protección y cariño que asegura un mejor futuro
wide network of protection and affection that ensures a better future

para los niños.
for the children.

Los Padrinos Nos Protegen

Introducción

Cada niño y niña que llega al mundo necesita toda la ayuda posible, y por esta razón los niños tienen "padres espirituales" o padrinos y madrinas.

Desde Alaska hasta los Andes, la gente de muchas religiones escoge padrinos y madrinas para guiar, enseñar y proteger a los niños durante cada etapa de la vida.

Estas ceremonias reconocen los cambios en la persona que está creciendo.

El Origen de las Ceremonias

Mucha gente cree que la costumbre de tener padrinos fue traída a Latinoamérica por los españoles cuando los misioneros llegaron y empezaron a bautizar la gente.

Pero había padrinos y madrinas para varias ceremonias mucho antes de la llegada de los españoles.

En México los aztecas tenían una ceremonia como bautizo en donde la partera regaba agua sobre el bebé y rezaba a la diosa Chalchiutlicue para lavar y limpiar el bebé de todo pecado o maldad.

En Sur América entre los incas, habían padrinos y madrinas para la primera vez que cortaban el cabello y las uñas de un bebé, y cuando las orejas de una niña eran picadas y ella recibía sus primeros aretes.

En algunas comunidades de Bolivia, Colombia, Perú y las Filipinas celebran estas ceremonias todavía, como el primer corte de cabello. En Bolivia y Perú esta ceremonia se llama la *rutucha*.

Un Bautizo en Oaxaca, México

En México un nuevo bebé recibe la bienvenida al mundo de todos los parientes. Los padres escogen padrinos para bautizar el bebé en la Iglesia Católica.

Los padrinos compran ropa para el bebé y la madrina viste al bebé todo de blanco, simbolizando pureza.

La madrina lleva al bebé a la iglesia y carga al bebé durante la ceremonia. El padrino lleva una vela y prende la vela durante la ceremonia.

Con el humo del incienso de copal, la iglesia huele hermoso como pino.

El sacerdote bautiza con agua y aceite como signos de la nueva vida. Muchas veces el bebé se queda quieto, observando, y a veces sonríe. En otras ocasiones el bebé llora porque se asusta cuando el agua cae en su cabeza.

Entonces la familia sonríe al oír que el bebé tiene buenos pulmones.

Después de la ceremonia, un hombre prende cohetes en el patio de la iglesia para anunciar el fin de la ceremonia, y todos regresan a la casa de los padres para la fiesta que ellos organizaron.

El padre y la madre del bebé agradecen al padrino y a la madrina con floridos discursos y regalos.

Luego todos se sientan a gozar deliciosas comidas como higadito y mole, mientras la banda toca alegre música para bailar.

En este momento ellos celebran la llegada del bebé con alegría y esperanza, anunciando el bautizo a toda la comunidad.

Derechos y Deberes de las Ceremonias

Los padrinos prometen cuidar y proteger a su ahijada o ahijado, incluyendo curar al bebé y ayudar cuando hay dificultades.

También los padrinos ayudan al niño o la niña con clases en la fe, y además ellos pueden ofrecer ayudar con los gastos de la escuela.

Los padrinos pueden pagar por los libros y los uniformes o el costo del transporte para que los ahijados asisten a una escuela lejos de la comunidad.

Son como los segundos padres.

Elegir padrinos es algo muy serio. Los padres pueden pedir a sus amigos o pueden pedir a sus parientes, para reforzar los lazos de parentesco.

Algunos dicen que uno tiene que tener cuidado al escoger padrinos, porque el carácter de los padrinos puede influir en el ahijado o la ahijada.

En Oaxaca los zapotecas dicen que cuando uno muere los ahijados abren las puertas del cielo para que puedas entrar.

En agradecimiento los padres y sus hijos deberían siempre mostrar respeto a los padrinos, darles regalos y visitarles en ciertas fechas, como el Día de los Muertos.

Hay madrinas y padrinos para muchas ocasiones, incluyendo primera comunión, confirmación y casamiento.

Para la primera comunión, confirmación y graduaciones hay una madrina para una niña y un padrino para un niño.

Para una boda hay siempre una madrina y un padrino. Ellos dan a la novia y el novio consejos y aliento, y ayudan cuando hay problemas.

Hay también padrinos para otras ceremonias como graduación de la escuela. Hay madrinas y padrinos para el rosario, la cruz para una casa, el quince años de una muchacha, los jaripeos y las Posadas en la Navidad.

Hetzmek en Yucatán

Entre los mayas en el Yucatán de México y en Guatemala, cuando un bebé llega a tres o cuatro meses de edad hay una ceremonia que se llama *hetzmek*.

En esta ceremonia se presenta el bebé a la comunidad y se da una bienvenida al bebé. En la ceremonia le dan al bebé las herramientas necesarias para vivir.

Las niñas pueden recibir tijeras para coser y los niños pueden recibir una coa o un machete para trabajar en la milpa.

Además las niñas y los niños pueden recibir libros y lápices que representan sus estudios en el futuro.

En la ceremonia de *hetzmek* la madrina lleva a su ahijada o ahijado por la cadera y camina nueve veces alrededor de una mesa con las herramientas. El padrino hace lo mismo.

Luego ellos explican al bebé el uso de cada herramienta. En la mesa hay una cruz, maíz, semillas de calabaza y un huevo.

Cada uno es un símbolo de lo que la familia espera para el bebé—crecer con buenos pensamientos, energía y sabiduría.

Las Ceremonias del Futuro

Algunas personas dicen que la costumbre de buscar padrinos para los niños va desapareciendo en las ciudades, pero sigue teniendo importancia, aun para migrantes en un nuevo país.

Los padrinos ayudan a mantener vivas las tradiciones de los antepasados.

Es también una manera de honrar a tus parientes y amigos en una relación de confianza.

Al mismo tiempo, la madrina y el padrino apoyan a sus ahijados con una amplia red de protección y cariño que asegura un mejor futuro para los niños.

The Godparents Protect Us

Introduction

Each boy and girl that arrives into the world needs all the help possible, and for this reason the children have "spiritual parents" or godfathers and godmothers.

From Alaska to the Andes, the people of many religions choose godfathers and godmothers to guide, teach and protect the children during each stage of life. These ceremonies recognize the changes in the person that is growing up.

The Origin of the Ceremonies

Many people believe that the custom of having godparents was brought to Latin America by the Spanish when the missionaries arrived and began to baptize the people. But there were godfathers and godmothers for various ceremonies long before the arrival of the Spanish.

In Mexico the Aztec had a ceremony like baptism in which the midwife poured water over the baby and prayed to the goddess *Chalchitlicue* to wash and cleanse the baby of all sin or evil.

In South America among the Inca, there were godfathers and godmothers for the first time they cut the hair and the fingernails of a baby, and when the ears of a girl were pierced and she received her first earrings.

In some communities of Bolivia, Colombia, Peru, and the Philippines, they celebrate these ceremonies still, like the first haircut. In Bolivia and Peru this ceremony is called the *rutucha*.

A Baptism in Oaxaca, Mexico

In Mexico a new baby receives a welcome into the world from all the relatives. The parents choose godparents to baptize the baby in the Catholic Church. The godparents buy clothing for the baby and the godmother dresses the baby all in white, symbolizing purity.

The godmother carries the baby to the church and holds the baby during the ceremony. The godfather carries a candle and lights the candle during the ceremony. With the smoke from the incense of *copal*, the church smells lovely like pine.

The priest baptizes with water and oil as signs of a new life. Many times the baby stays quiet, observing, and sometimes smiles. At other times the baby cries because it is frightened when the water falls on its head. Then the family smiles at hearing that the baby has good lungs.

After the ceremony, a man lights firecrackers in the patio of the church to announce the end of the ceremony, and everyone returns to the house of the parents for the fiesta that they organized.

The father and the mother of the baby thank the godfather and the godmother with flowery speeches and presents. Then everyone sits down to enjoy delicious foods like *higadito* and *mole*, while the band plays happy music for dancing.

At this moment they celebrate the arrival of the baby with joy and hope, announcing the baptism to all the community.

Rights and Responsibilities of the Ceremonies

The godparents promise to look after and protect their goddaughter or godson, including to heal the baby and to help when there are difficulties. Also the godparents help the boy or the girl with classes in the faith and additionally they may offer to help with the cost of school.

The godparents may pay for the books and the uniforms or the cost of transportation so that the godchildren can attend a school far from the community. They are like the second parents.

Choosing godparents is something very serious. The parents may ask their friends or they may ask their relatives, to reinforce the ties of kinship. Some say that you have to take care in choosing godparents because the character of the godparents may influence the godson or goddaughter.

In Oaxaca the Zapotec say that when you die the godchildren open the gates of heaven so that you can enter. In gratitude the parents and their children should always show respect to the godparents, give them presents and visit them on certain dates, like the Day of the Dead.

There are godmothers and godfathers for many occasions, including First Communion, Confirmation and marriage. For First Communion, Confirmation, and graduations there is a godmother for a girl and a godfather for a boy. For a wedding there is always a godmother and a godfather. They give the bride and the groom advice and encouragement, and help out when there are problems.

There are also godparents for other ceremonies like graduation from school. There are godmothers and godfathers for the rosary, the cross for a house, the fifteenth birthday of a girl, the rodeos and the *Posadas* at Christmas.

Hetzmek in Yucatan

Among the Maya in the Yucatan of Mexico and in Guatemala, when a baby reaches three or four months of age there is a ceremony that is called *hetzmek*.

In this ceremony they present the baby to the community and they give a welcome to the baby. In the ceremony they give the baby the tools necessary for life.

The girls may receive scissors for sewing and the boys may receive a hoe or a *machete* for working in the cornfield. Also the girls and the boys may receive books and pencils that represent their studies in the future.

In the ceremony of *hetzmek* the godmother carries her goddaughter or godson on her hip and walks nine times around a table with the tools. The godfather does the same. Then they explain to the baby the use of each tool.

On the table there are a cross, corn, seeds of squash and an egg. Each one is a symbol of what the family hopes for the baby—to grow up with good thoughts, energy and wisdom.

The Ceremonies of the Future

Some people say that the custom of seeking godparents for the children is disappearing in the cities, but it continues to have importance, even for migrants in a new country.

The godparents help to keep alive the traditions of the ancestors. It is also a way to honor your relatives and friends in a relationship of trust. At the same time, the godmother and the godfather support their godchildren with a wide network of protection and affection that ensures a better future for the children.

Glosario para Celebramos/
Glossary for Celebramos

Atole:

Del nahuatl de los aztecas, bebida cocida de maíz, que se puede tomar caliente o fría, simple o con espuma de chocolate o azúcar de panela.

From Nahuatl of the Aztec, a drink cooked from corn, that you may drink hot or cold, plain or with chocolate foam or brown sugar.

Cabezudos:

En España es el nombre de las cabezas grandes de cartón que los danzantes se ponen como una máscara. En México y Costa Rica son enormes títeres que se llaman Monos de Calenda o Gigantes. (Vea Gigantes)

In Spain this is the name of the Big Heads of cardboard that the dancers put on like a mask. In Mexico and Costa Rica they are called Dolls of the *Calenda* procession or Giants. (See Giants)

Cacahuates:

Del nahuatl para maní (del Taíno), las semillas de una planta de América del Sur (*Arachis hypogaea, familia Leguminosae*).

From Nahuatl for peanuts or *maní* (in Taino), the seeds of a plant from South America (*Arachis hypogaea,* Leguminosae family).

Cartonería:

Un término para la construcción de cabezudos en España.

A term for constructing Big Heads in Spain.

Cempoxochitl:

En el náhuatl de los aztecas, significa "veinte flor." El nombre científico en Latín es Tagetes. Es una flor amarilla con una fragancia fuerte. Crece en la temporada del Día de Muertos. Los aztecas usaban esta flor en ceremonias y curaciones, lo que ha sido reconocido en documentos desde 1522. Los españoles llevaron las semillas a España, de donde salieron para Francia y el norte de África y después a la India, en donde ha llegado a tener un rol religioso de importancia. Contienen carotenoides como la luteína, con propiedades medicinales para los ojos, deteniendo cataratas y degeneración macular. También se usa en la comida y en la agricultura contra nematodos que atacan los tomates.

In the Nahuatl of the Aztec, it means "twenty flower." The scientific name in Latin is *Tagetes*. It is a flower that is yellow with a pungent fragrance. It grows during the season of the Day of the Dead. The Aztec used this flower in ceremonies and curing, which has been recognized in documents from 1522. The Spanish took the seeds to Spain, from where these seeds went out to France and the north of Africa and later India, where they have come to have a religious role of importance. They contain caretenoids like lutein, with properties that are medicinal for the eyes, slowing down cataracts and macular degeneration. It is also used in food and in agriculture against nematodes that attack tomatoes.

Chalchiuhtlicue:

Viene del náhuatl para una diosa azteca de los nacimientos y la suciedad, limpiando al recién nacido. Ella es la diosa del temazcal o baño de vapor (*temazcalli* en náhuatl).

From the Nahuatl for an Aztec goddess of birth and filth, cleansing the newborn. She is the goddess of the *temazcal* or sweathouse [*temazcalli* in Nahuatl].

Charro:

En México es un jinete, alguien que practica la charrería. La palabra charro viene del lenguaje euskera (basco), del norte de España. Su uso ha sido documentado desde 1627.

In Mexico this is a horserider, someone who practices charrería. The word "Charro" comes from Euskadi (Basque) in the north of Spain. Its use has been documented since 1627.

Chirimía:

Una flauta que se toca con un pequeño tambor. Su nombre viene del náhuatl y la flauta tiene una larga historia.

A flute that is played with a small drum. The name comes from Nahuatl and the flute has a long history.

Colibrí:

Esta palabra viene del Taíno en el Caribe, como muchas otras palabras que vienen del Taíno: maíz, canoa, banano, hamaca, huracán, batata, etc. Hay varias otras palabras que se usan en Latinoamérica para esta ave: picaflor, chuparrosa, chupaflor, gorrión. También hay otras palabras que se usan en Latinoamérica que vienen de idiomas indígenas. En el náhuatl de los aztecas es *huitzitzilin*. En maya es *ts'unu'un*. En los Andes la palabra quechua es *qenti* mientras en Aymara es *juli*. En el norte de Chile el nombre es *sotar condi*, mientras en el sur de Chile un nombre es *omora*. Se ha notado que en idiomas indígenas distinguen varios tipos de colibríes con nombres diferentes.

This word for hummingbird comes from Taino, in the Caribbean, like many other words that come from Taino: maize, canoe, banana, hammock, hurricane, potato, etc. There are other words used in Latin America for hummingbird, and some names come from indigenous languages. The Nahuatl word of the Aztec is *huitzitzilin*. The Maya word is *ts'unu'un*. In the Andes the Quechua word is *qenti* while the Aymara word is *juli*. In northern Chile the name is *sotar condi*, while in southern Chile one name is *omora*. It has been noted that in indigenous languages they distinguish various types of hummingbirds with different names.

Copal:

Del náhuatl, *copalli* es una resina que se usa para ceremonias religiosas y curaciones desde antiguamente en México y otros países. Lo extraen de árboles endémicos (nativos) de México (*Burseraceae: Bursera aloexylon, B. graveolens, B. jorullensis y Protium copal*). Los antiguos mayas lo llamaban "cesos del cielo" y los aztecas lo llamaban "el dios blanco" por el color del humo. Todavía se usa para ofrendas y purificación porque ahuyenta lo malo de las casas y de las calles (Wikipedia).

From *Nahuatl, copalli*, it is a resin that is used for religious ceremonies and curing since ancient times in Mexico and other countries. They extract it from trees that are endemic (native) to Mexico *(Burseraceae: Bursera aloexylon, B. graveolens, B. jorullensis y Protium copal)*. The ancient Maya called it "brains of the sky" and the Aztec called it "the white god" for the color of the smoke. It is still used for offerings and purification because it drives away bad things from homes and from the streets (Wikipedia).

Flor de Muerto, cempoxochitl:

Su nombre en el náhuatl de los aztecas es *cempoxochitl,* lo que significa "veinte flor." En inglés se llaman marigolds. Su nombre en latín es *Tagetes*. Los zapotecas emplean la flor después del parto. Tiene propiedades medicinales y también se usa contra insectos dañinos. (Vea Cempoxochitl) En los Andes en quechua la flor se llama *huacatay*. La otra flor moradita es del género *Stevia*.

Their name in the Nahuatl of the Aztec is *cempoxochitl*, which means "twenty flower." In English they are called marigolds. Their name in Latin is *Tagetes*. The Zapotec use the flower after childbirth. It has

medicinal properties and is also used against insect pests. (See Cempoxochitl) In the Andes in Quechua the flower is called *huacatay*. The other small purple flower is from the genus *Stevia*.

Gigantes:

En México se llaman Monos de Calenda o Gigantes, pero en España y Costa Rica les dicen Cabezudos por las cabezas grandes de cartón que llevan como una máscara para desfiles y danzas.

Un artista reconocido por los Monos de Calenda que se hacen en Oaxaca es José Octavio Azcona y Juárez. El artista es de Oaxaca y hay ejemplos de sus obras en el Museo Nacional de Antropología en la Ciudad de México.

In Mexico they are called Dolls of the Calenda (procession) or Giants, but in Spain and Costa Rica they are called Big Heads, due to the large heads of decorated cardboard that are worn like a mask for processions and dances.

An artist recognized for his *Dolls of the Calenda* is José Octavio Azcona y Juárez. The artist is from Oaxaca and there are examples of his works in the National Museum of Anthropology in Mexico City.

Guitarrón:

Un instrumento que tocan los Mariachis. Es una guitarra grande de seis cuerdas con un sonido bajo y fuerte.

An instrument that is played by the Mariachis. It is a big guitar with six strings and a sound that is low and strong.

Hetzmek:

De los mayas de Yucatán, México, es la ceremonia en donde presentan a la niña o el niño con las herramientas para la vida.

From the Maya of Yucatan, Mexico, the ceremony in which they present to a girl or boy the tools for life.

Higadito:

Soufflé de huevos con pollo, cebolla, ajo, perejíl, jitomate y otras verduras. Ofrecido en fiestas como bautizos. La palabra significa "pequeños hígados" literalmente, porque antes lo hacían con hígados de puerco, pero ahora se prepara con carne de pollo.

Soufflé of eggs with chicken, onion, garlic, parsley, tomatoes and other vegetables. Served at fiestas like baptisms. The word means "small livers" literally because they used to make it from pork livers, but now it is prepared with chicken.

Jaripeo:

Es un estilo de rodeo en México. El rodeo viene del evento anual cuando los vaqueros rodean el ganado para llevarlo al mercado (Wikipedia). El jaripeo dio origen al rodeo en los EE.UU. y a la fiesta de los charros mexicanos. Dicen que el término "jaripeo" viene de purépecha, en un pueblo del estado de Michoacán: Jaripeo = Xarhípeo. Rodeo viene del latín para dar vuelta.

This is a style of rodeo in Mexico. The rodeo comes from when the cowboys rounded up the cattle each year to take them to market (Wikipedia). Jaripeo is the origin of the rodeo in the U.S. and the fiesta of the charros in Mexico. They say that the term "jaripeo" comes from the Purepecha language, from a town in the state of Michoacan: *jaripeo = xarhípeo*. Rodeo comes from the Latin for to turn.

Machete:

Del español para un cuchillo ancho y pesado con un solo filo, cerca de 60 centímetros de largo, que se utiliza para cortar la hierba o caña de azúcar, podar plantas y abrir el paso en un bosque tupido. Hay varios tipos de machete, dependiendo en su uso y tamaño.

From the Spanish for a broad heavy knife with one blade edge, about 60 centimeters long, that is used for cutting weeds and sugar cane, pruning plants and clearing a path in the undergrowth. There are various types of machete, depending on their use and size.

Mole:

Viene del náhuatl, *molli*. Es una salsa espesa con chiles, chocolate, plátano, cacahuates (maní), pan molido, pasas, hierbas, etc. como el "mole poblano" y "mole oaxaqueño" que son tan deliciosos. Hay mole de varios colores: negro, rojo, verde, amarillo, manchamantel, etc.

From the Nahuatl *molli*. It is a thick sauce with chiles, chocolate, bananas, peanuts, breadcrumbs, raisins, herbs, etc., like the "mole of Puebla" and "mole of Oaxaca" that are so delicious. There are moles of various colors: black, red, green, yellow, stains-the-tablecloth, etc.

Monos de Calenda:

Vea los Gigantes.

See the Giants.

Posadas y Piñatas:

En la Navidad se acostumbra festejar con piñatas en forma de una estrella con flor de Noche Buena en el centro. Según el cuadernillo, *Así Nacieron Las Posadas,* empezaron en Alcomán, cerca de Teotihuacán en México central: "Era costumbre entre ellos celebrar nueve días de danzas en honor de sus dioses. Los misioneros tomaron esa costumbre dándole un sentido cristiano y así enseñaron a los antiguos... se rompía la piñata que significaba el pecado, que debemos romper con la fuerza de la Palabra de Dios (el palo), para poder alcanzar la gracia y las bendiciones de Dios (dulces y frutas de la piñata)." (La libreta no tiene fecha, autor, ni nombre del editorial.)

At Christmas it is the custom to celebrate with piñatas in the form of a star with the flower of Christmas Eve (Poinsettias) in the center. According to the booklet, *Thus the Posadas Were Born*, they began in Alcoman, near Teotihuacan in central Mexico: "It was the custom among them to celebrate with nine days of dances in honor of their gods. The missionaries took this custom and gave it a Christian meaning and thus taught the ancient people... they would break the piñata that symbolized sin, that we should break with the force of the Word of God (the stick), so that we can attain the grace and the blessings of God (the candy and fruit of the piñata." (The booklet has no date, author or publisher.)

Rutucha:

Del aymara en Bolivia y Perú, para el primer corte de cabello de un bebé, cuando se presenta una niña o un niño a la comunidad. Los padrinos hacen el primer corte y los invitados siguen, dejando billetes como ofrendas.

From Aymara in Boivia and Peru, for the first haircut of a baby, when they present a girl or a boy to the community. The godparents make the first cut and the guests follow, leaving paper bills as offerings.

Tamal, tamales (plural):

Del náhuatl *tamalli* de los aztecas, comida cocida al vapor, con masa de maíz, relleno de frijoles o pavo con mole, o pueden ser tamales dulces con pasas y canela, todo envuelto en hojas de maíz o en hojas de plátano. Hay muchas variedades de tamales en Latinoamérica. Pueden tener papas, arroz, aceitunas, rajas de chile picante, chile dulce, chepiles, elote, puerco, pollo, etc.

From Nahuatl *tamalli* of the Aztec, a food cooked by steam, with dough from corn, filled with beans or turkey with mole sauce, or they can be sweet tamales with raisins and cinnamon, all wrapped in husks of corn or in banana leaves. There are many varieties of tamales in Latin America. They may have potatoes, rice, olives, strips of hot peppers, sweet peppers, chepiles (herbs), sweet corn, pork, chicken, etc.

Tarascas:

Cuando México era una colonia celebraban la fiesta de Corpus Christi con procesiones encabezadas por enormes Gigantes, Cabezudos y Tarascas. Las Tarascas eran figuras de dragones, hechas de madera y pintadas, luego montadas en carretas. Representaban el pecado conquistado por el Espíritu Santo. Los vendedores ambulantes vendían miniaturas de Gigantitos y Tarasquitas. Tenían asociaciones con las rebeliones contra el poder colonial y fueron prohibidas durante los 1600s y en 1790. También tenían lazos con los gremios y los sindicatos (Curcio-Nagy 1984, p. 4–22).

When Mexico was a colony they celebrated the feast of the Body of Christ with processions led by enormous Giants, Big Heads and Tarascas. The Tarascas were figures of dragons, made from wood and painted, then mounted on carts. They represented sin conquered by the Holy Spirit. The street vendors sold miniature Giants and Tarascas. These were associated with the rebellions against colonial power and were prohibited during the 1600s and in 1790. Also they had ties with the guilds and the labor unions (Curcio-Nagy 1984, p. 4–22).

Tehuana:

Este gigante representa una mujer zapoteca del Istmo de Tehuantepec en la costa del Pacífico. Por eso la llaman La Tehuana. Está vestida con una blusa típica de la región, de terciopelo negro bordado con flores grandes. Además lleva un collar de oro con aretes, su cabello en trenzas con listones de colores alegres y una larga falda con flores. Las Tehuanas son conocidas por ser hermosas, inteligentes y fuertes. Dominan en los mercados.

This giant represents a Zapotec woman from the Isthmus of Tehuantepec on the Pacific. That is why she is called a Tehuana. She is dressed in a blouse typical of the region, of black velvet embroidered with big flowers. She also wears a necklace of gold with earrings, her hair in braids with ribbons of cheerful colors and a long flowered skirt. The Tehuanas are known for being beautiful, intelligent and strong. They dominate the markets.

Vihuela:

Es un instrumento de cuerdas como una guitarra pequeña y gruesa. Dicen que la vihuela viene del Siglo Quince en Aragón, Iberia, donde ahora es el noreste de España, y llegó a ser popular en Francia e Italia. Es parecida al laúd. El diccionario dice que el origen de la palabra vihuela viene del latín medieval, *fides* y *fiducula*, lo que significa "cuerda." La vihuela mexicana tiene cinco cuerdas (Wikipedia, Palabra).

It is an instrument with strings like a small and thick guitar. They say the vihuela comes from the Fifteenth Century in Aragon, Iberia, what is now northeastern Spain, and became popular in France and Italy. It is similar to the lute. The dictionary says the origin of the word vihuela comes from medieval Latin, *fides* and *fiducula*, which means "string." The Mexican vihuela has five strings (Wikipedia, Palabra).

Bibliografía /
Bibliography

Capítulo 1 / Chapter 1. Piñatas

Ancona, George. 1994. *Piñatero*. Houghton Mifflin Harcourt. New York.

Devlin, Wendy. History of the Piñata. Mexico Culture and Arts [http://www.mexconnect.com/articles/459-history-of-the-piñata].

Murillo, Kiev. 2015. La historia de la piñata. [http://enmexico.about.com/od/Cultura-en-movimiento/a/Historia-De-La-Pi-nata.htm]

Wikipedia. "Piñata." [https://es.wikipedia.org/wiki/Piñata]

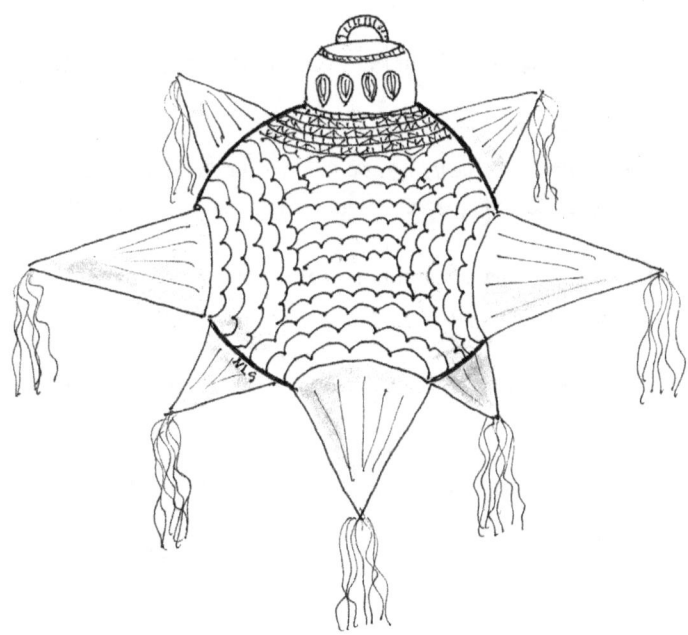

Capítulo 2 / Chapter 2. Mariachi

Alamilla, Patricia. Historia del Mariachi. [http://www.mariachi.com.mx/elmariachiorigenysignificado.html] [consultado 8 septiembre 2016]

Ballard, Keith R. 2002. Ethnic Music as a Teaching Tool. *Teaching Music.* V.9 n.4. p. 22–27. February. [http://eric.ed.gov/?id=EJ665433]

Clark, Jonathan D. 1996. A Brief History on the Mariachi Tradition. Marshall Cavendish Corporation. [http://www.westmusic.com/resources/brief-history-of-mariachi.htm]

Clark, Sylvia. 2005. Mariachi music as a symbol of Mexican culture in the United States. *International Journal of Music Education.* 23.3: 227–237.

Díaz, Patricia. Historia del Mariachi. [http://aztecacharrua.webcindario.com/lahistoriadelmariachi.htm]

Heritage of America, Educational and Cultural Foundation. "Music of Mexico." Bakersfield, California [http://heritageofamerica76.com/music_of_mexico.htm]

History of the Mariachi. 1991. *Mexico, the Meeting of Two Cultures.* Higgins and Associates. New York, New York. [http://www.mariachi.org/history.html]

Houston Symphony blog. The Story of Mariachi Music Continued. [http://houstonsymphonyblog.org/tag/mariachi/]

Jáquez, Cándida F. 2003. El Mariachi. *Musical Migrations: Transnationalism and Cultural Hybridity in Latin/o America Volume I.* editors, Aparicio, F., Jàquez, C. Palgrave Macmillan US. P.161-182.

Jáuregui, Jesús. 2007. De la comarca a la fama mundial. Las transformaciones del Mariachi Vargas de Tecalitlán durante el siglo XX. *Antropología. Boletín Oficial del INAH.* 80: 101–128.

Mariachi Plaza Los Angeles, The History of Mariachi Music in Mexico [http://www.mariachi-plaza.com/mariachi-history.htm]

Palabria. "Vihuela." [http://palabraria.blogspot.com/2007/12/vihuela.html]

Sheehy, Daniel. 2016. Mexican Mariachi Music. *The Music of Multicultural America: Performance, Identity, and Community in the United States.* 137.

Wikipedia. "Charro." [https://es.wikipedia.org/wiki/Charro]

Wikipedia. "Chirimía." [https://es.wikipedia.org/wiki/Chirim%C3%ADa]

Wikipedia. "Mariachi." [https://en.wikipedia.org/wiki/Mariachi] [consultado 8 septiembre, 2016]

Wikipedia. "Mexican vihuela." [https://en.wikipedia.org/wiki/Mexican_vihuela]

Wikipedia. "Vihuela." [https://en.wikipedia.org/wiki/Vihuela]

Capítulo 3 / Chapter 3. Gigantes, Cabezudos y Monos de Calenda / Giants, Bigheads and Dolls of the Calenda (procession)

Curcio-Nagy, Linday A. 1984. Giants and Gypsies: Corpus Christi in Colonial Mexico City. In *Rituals of Rule, Rituals of Resistance: Public Celebrations and Popular Culture in Mexico,* edited by William H. Beezley, Cheryl E. Martin, William E. French. Scholarly Resources. Wilmington, Delaware

Mexican Corrido. Monos de Calenda. [www.mexicancorrido.com]

Mexico Desconocido. "Fiesta de los lunes del cerro de Oaxaca." [https://www.mexicodesconocido.com.mx/la-fiesta-de-los-lunes-del-cerro-de-oaxaca.html]

Nájera-Ramírez, Olga and Norma Elia Cantú, Brenda M. Romero, editors. 2009. *Dancing Across Borders: Danzas y Bailes Mexicanos.* University of Illinois Press, Champaign, Illinois

Wikipedia. "Gigantes y cabezudos." [https://es.wikipedia.org/wiki/Gigantes_y_cabezudos]

Wikipedia. "Mono de Calenda." [https://es.wikipedia.org/wiki/Mono_de_Calenda]

Capítulo 4 / Chapter 4. Posadas

Brandes, Stanley. 1983. The Posadas in Tzintzuntzan Structure and Sentiment in a Mexican Christmas Festival. *The Journal of American Folklore*. 96.381: 259–280.

Catholic Net. "La Navidad y sus tradiciones: Las Posadas." [http://es.catholic.net/op/articulos/18264/la-navidad-y-sus-tradiciones-las-posadas.html]

Murillo, Kiev. 2015. Tradiciones navideñas mexicanas. [http://enmexico.about.com/od/Cultura-en-movimiento/a/Fiestas-Decembrinas-Muy-Mexicanas.htm]

Willis, Bruce Dean. 2006. Tradition and Innovation in Mexican Pastorelas and Posadas. *Gestos* 21: 41–58.

El significado de las posadas. 2011. [http://lascosasquenuncaexistieron.com/2011/12/10/el-significado-de-las-posadas/]

Wikipedia. Las Posadas. [https://en.wikipedia.org/wiki/Las_Posadas]

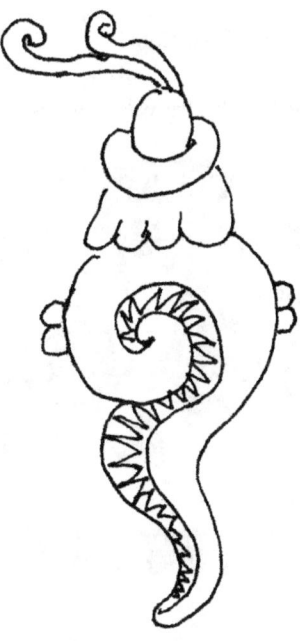

Capítulo 5 / Chapter 5: Día de los Muertos / Day of the Dead

Brandes, Stanley. 1998. Iconography in Mexico's day of the dead: Origins and meaning. *Ethnohistory*. p 181–218.

Burpee Garden Advice Center. "Marigolds". [http://www.burpee.com/gardenadvicecenter/annuals/marigolds/marigold-history/article10006.html]

Childs, Robert V., and Patricia B. Altman. 1982. *Vive tu recuerdo: living traditions in the Mexican Days of the Dead*. No. 17. University of California. Los Angeles, California

Faudree, Paja. 2013. *Singing for the Dead: The Politics of Indigenous Revival in Mexico*. Duke University Press. Durham, North Carolina

Ortíz, Mary Soco. 2017. El Día de Muertos en México es mucho más de lo que la mayoría de la gente cree. Noviembre. [https://www.xataka.com.mx/otros-1/el-dia-de-muertos-en-mexico-es-mucho-mas-que-lo-la-mayoria-de-la-gente-cree]

Vigíl, Delfín. 2006. "Bones Laughing / Hearts Weeping" Oakland Museum. Oct. 23 [http://sfgate.com]

Wikipedia, "Copal." [https://es.wikipedia.org/wiki/Copal].

Wikipedia. Tagetes flower. [https://en.wikipedia.org/wiki/Tagetes]

Capítulo 6 / Chapter 6. Padrinos y Madrinas / Godfathers and Godmothers

Berghe, Gwendoline, and Pierre L. Bergh. 1966. Compadrazo and Class in Southeastern Mexcio. *American Anthropologist* 68.5: 1236–1244.

El Guindi, Fadwa. 1986. *The Myth of Ritual: A Native's Ethnography of Zapotec Life-Crisis Rituals*. Tucson, Arizona: University of Arizona Press.

Gudeman, Stephen. 1971. The compadrazgo as a reflection of the natural and spiritual person. *Proceedings of the Royal Anthropological Institute of Great Britain and Ireland*. 4–71.

Menchú, Rigoberta. 1984. *I, Rigoberta Menchú, An Indian Woman in Guatemala*. Elisabeth Burgos-Debray editor (Ann Wright translator). London: Verso.

Mintz, Sidney W. and Eric R. Wolf. 1950. An analysis of ritual co-parenthood (compadrazgo). *Southwestern Journal of Anthropology* 6.4: 341–368.

Sault, Nicole. 2004. The Godmother as Mediator: Constraining Violence in a Zapotec Village of Oaxaca, Mexico. In *The Cultural Shaping of Violence*. Myrdene Anderson, editor. Purdue, Indiana: Purdue University Press.

Sault, Nicole. 1996. Many Mothers, Many Fathers: The Meaning of Parenting Around the World. *Santa Clara Law Review*. Volume 36, Number 2, p. 395-408. [http://www.scu.edu/ethics/publications/other/lawreview/manymothers.html]

Sault, Nicole.1985. Baptismal Sponsorship as a Source of Power for Zapotec Women in Oaxaca, Mexico. *Journal of Latin American Lore*. 11:225.

Stavenhagen, María Eugenia. 1959. El compadrazgo en una comunidad zapoteca (Zaachila). *Ciencias políticas y sociales*. (5) 17:365–402.

Wikipedia, "Copal." [https://es.wikipedia.org/wiki/Copal].

Hetzmek:
Heusinkveld, Paula R. 2008. A Maya Village and the Lights of Cancún. *Yucatán in an Era of Globalization*. 112.

Ramos, Antonio. 2014. "Hetzmek, bautizo maya." SIPSE. 18 julio. [http://sipse.com/opinion/hetzmek-bautizo-maya-102512.html]

Villanueva, Nancy Beatriz Villanueva y Virginia Noemí Prieto. 2009. Rituales de Hetzmek en Yucatán. *Estudios de Cultura Maya.* XXXIII.

Woodrick, Anne C. 1995. Mother-daughter conflict and the selection of ritual kin in a peasant community. *Anthropological Quarterly.* 219–233.

Jaripeo / Rodeo:
Wikipedia. "Rodeo estadounidense." [https://es.wikipedia.org/wiki/Rodeo_estadounidense]

Word Reference. "Jaripeo." [http://forum.wordreference.com/threads/jaripeo.2906520/]

Rutucha/ First Haircut:
Ponce Jara, Yanine María. 2011. "Por la celebración del primer año de mi José Nicolaás." 25 noviembre. [http://imillatikita.blogspot.com/2011/11/por-la-celebracion-del-primer-ano-de.html]

Wikipedia. "Rutucha." [https://es.wikipedia.org/wiki/Rutucha]

www.ingramcontent.com/pod-product-compliance
Lightning Source LLC
Chambersburg PA
CBHW060528010526
44110CB00052B/2532